ANALOGE FOTOGRAFIE

ANALOGE FOTOGRAFIE
Das Handbuch

Dritte unveränderte Auflage

Herausgegeben von Seltmann Publishers
in Kooperation mit Vetro Editions

Ein Projekt von Andrew Bellamy, otherwherecollective.com
Kuratiert von Vetro Editions, vetroeditions.com

Design, Fotografie und Illustration: Andrew Bellamy
Redaktion: John Z. Komurki
Projektleitung: Luca Bendandi
Layout: Tais Massaro
Technische Beratung: Giorgio Di Noto
Übersetzung: Alexander Weise
Gesetzt in 35-FTR & 64-SRC von Andrew Bellamy

First English edition
ANALOGUE PHOTOGRAPHY
Reference Manual for shooting film
Published by Vetro Editions
and Ars-Imago International s.r.l.

Die Deutsche Nationalbibliothek verzeichnet diese Publikation in ihrer Datenbank.
Detaillierte bibliographische Daten finden Sie online auf www.dnb.de

Zillestr. 105A, 10585 Berlin
www.seltmannpublishers.com

ISBN 978-3-946688-50-1

ANALOGE FOTOGRAFIE

Das Handbuch

VETRO

seltmann

VORWORT

Noch vor wenigen Jahren wäre es undenkbar gewesen, dass Sie diese Worte in dieser Form lesen. Gedruckt. Mit echter Tinte auf echtem Papier. Ende des vergangenen Jahrhunderts schien es für die meisten Menschen klar und offensichtlich, dass die digitale Revolution endgültig den Punkt erreicht hatte, an dem sie gestrige und langweilige Medien wie das Buch, die Schallplatte und die analoge Kamera von der Bildfläche verdrängen würde. Es schien schlichtweg keine Berechtigung mehr für die Existenz derart realer, physischer Güter zu geben. Abgesehen vielleicht von sentimentalen und nostalgischen Anwandlungen.

Glücklicherweise ist es am Ende doch ein kleines bisschen anders gekommen. Wir verbringen heutzutage so viel Zeit vor spiegelglatten Flachbildschirmen, dass es sich noch sie so gut angefühlt hat, in den robusten und rauen Seiten eines echten Buches zu blättern.

Meiner bescheidenen Meinung nach hat die Digitalisierung am Ende doch nicht die Totenglocke für das analoge Zeitalter geläutet, sondern, im Gegenteil, die besten Bedingungen aller Zeiten für die Schöpfung analoger Produkte geschaffen. Der Mensch musste offenbar auf die harte Tour lernen, dass das größte Problem bei der Gegenüberstellung von digital und analog nicht die Qualität ist, sondern die trockene Tatsache, dass all die digitale Technologie nichts Echtes hervorbringt.

Digitaler Content kann Ihre Augen und Ohren bespielen, aber niemals all Ihre fünf Sinne ansprechen. Sie sind aber ein rundherum analoges Geschöpf mit hungrigen fünf Sinnen, die es gierig nach Reizen gelüstet. Genau aus diesem Grund üben Bücher wie dieses kleine Kunstwerk hier plötzlich wieder so magische Anziehung aus.

Die reine Tatsache, dass dieses Buch als reales Objekt existiert, ist eine Überraschung – und lässt mein analoges Herz höher schlagen. Es gibt aber noch viele weitere Aspekte dieser wunderbaren Veröffentlichung, die mich – und Sie hoffentlich auch – mit Freude erfüllen und in der Überzeugung bestärken, dass die Zukunft der analogen Technologie gerade erst begonnen hat.

1. Dies ist ein Buch über die Schönheit der analogen Fotografie. Eine Ode an all diese atemberaubenden, magischen Kameras, die allzu lange zu einem Schicksal auf dem Wertstoffhof verdonnert schienen. Dieses Buch wird diese todgeweihten Apparate einer neuen Generation von Fotografierenden näherbringen. Es wird dafür sorgen, dass diese Generation ihre Liebe für diese Geräte entdeckt.

2. Auch ich habe über viele Jahre hinweg Schweiß, Blut und die eine oder andere Träne in das Comeback der analogen Fotografie investiert, nachdem ich die Schließung der letzten Polaroid-Fabrik in buchstäblich letzter Minute verhinderte und die Produktion der Sofortbildfilme im Jahre 2010 neu beleben konnte. Ich teile die Philosophie dieses Buches: den Ansporn, Menschen für etwas zu inspirieren und zu begeistern, das für mich nach wie vor zu den überwältigendsten Abenteuern des Lebens gehört – die Konservierung magischer Momente mithilfe von Licht und Silber.

3. Dieses Buch ist ein Paradebeispiel für den neuen Stellenwert, den analoge Projekte und Produktionen in den letzten Jahren erlangt haben. Diese herausragende Herzensarbeit von Andrew Bellamy illustriert, wie ein junger und leidenschaftlicher Autor und Grafiker mit augenscheinlicher Hochachtung und einem detaillierten Verständnis der Vergangenheit kultige Geräte mit zeitgenössischem Design verbinden konnte.

Daher mein Appell an Sie: Lesen Sie dieses Buch nicht einfach nur. Lassen Sie zu, dass es all ihre fünf Sinne bezirzt, und ihre Liebe für das Analoge von Neuem entfacht.

Florian Kaps,
Gründer von The Impossible Project und Supersense

EINLEITUNG

„Analoge Fotografie" richtet den Fokus auf mechanische Kameras, die zwischen Mitte der 1930er und Ende der 1960er Jahre hergestellt wurden. In dieser Zeitspanne legte man bei der Entwicklung und Produktion der Apparate großen Wert auf hohe Qualität und liebevolle Details. Es war die Zeit vor der geplanten Obsoleszenz, bevor Plastik zum bevorzugten Material wurde, als der schnelllebige technologische Fortschritt noch durch den erbitterten Wettstreit zwischen Herstellern in Deutschland, Japan und den USA befeuert wurde. Es war eine Zeit, in der die Lichtempfindlichkeit der Filme niedrig war, die Belichtungszeiten lang, und Kameras regelrechte Investitionen, die man jahrelang mit Liebe behandelte und an die nächste Generation vererbte.

Dieses Buch konzentriert sich auf analoge Fotoapparate, die Filme verwenden – egal ob es sich dabei um Kameras mit Fest- oder Wechselobjektiv, Messucherkameras oder Spiegelreflexkameras handelt. Vielleicht haben Sie eine alte Konica in einem Gebrauchtwarenladen gefunden oder eine Leica geerbt. Vielleicht gehören Sie zu der Generation jüngerer Fotografierender, die sich zur analogen Fotografie hingezogen fühlen und ihren Horizont und ihre Fähigkeiten erweitern wollen. In jedem dieser Fälle bietet Ihnen dieses Buch alle Informationen, die Sie benötigen, um Ihre Kamera zu verstehen und loszuziehen, um Fotos zu schießen.

Das Buch behandelt sowohl die technischen Aspekte der Fotoapparate als auch die des Fotografierens. Es liefert allerdings keine Tipps dazu, wie man „besser" fotografiert. Keine Kapitel zu Linien und Formen, Silhouetten, Texturen und Komposition. Es gibt keine Empfehlungen dazu, wie Sie Ihre Kamera halten oder durch den Sucher gucken sollten. Dies ist ein rein technisches Handbuch: Sobald Sie die Mechanik der Fotografie beherrschen, haben Sie die kreative Kontrolle über Ihre Kamera. Über einen technischen Apparat, mit dem Sie die Welt genauso fotografieren, wie Sie es wollen.

Das Buch ist in sechs Kapitel unterteilt und so aufgebaut, dass Sie es sowohl chronologisch als auch nicht-chronologisch nutzen können. Es beginnt mit einer kurzen, präzisen Beschreibung der grundlegenden Mechanismen des Fotografierens. Der Laie kann das Buch dann von vorne bis hinten entdecken, während der erfahrenere Fotografierende möglicherweise nur in bestimmte Kapitel hineinliest. Das Buch ist benutzerfreundlich und einfach navigierbar: Querverweise sind im Text unterstrichen und links oben auf jeder Seite mit ihrer jeweiligen Seitennummer versehen. Auf den letzten Seiten finden Sie zusätzlich einen umfassenden und detaillierten Index. Egal ob Sie dieses Buch als ersten Exkurs oder treues Referenzhandbuch nutzen – es eignet sich perfekt, um Ihre Liebe zur analogen Fotografie (neu) zu entfachen.

Das Wort Kamera stammt von dem lateinischen Begriff „camera obscura" ab, der übersetzt soviel wie „dunkle Kammer" bedeutet. Die Kamera eines analogen Fotoapparats ist entsprechend der lichtgeschützte Körper oder Kasten, der den lichtempfindlichen Film in vollständige Dunkelheit hüllt. Der sensible Film wird fest vor der Rückwand dieses Kastens aufgespannt. Auf der gegenüberliegenden Seite befindet sich die Linse, deren eingebaute Öffnung den Lichtstrom dosiert, der in das Innere der Kamera dringt und den Film belichtet. Zwischen Linse und Film befindet sich eine weitere Vorrichtung – der Verschluss – der den Film bis zur Aufnahme eines Fotos vor dem eindringenden Lichtstrom schützt.

Durch Betätigen des Verschlussauslösers öffnet und schließt sich der Verschluss für den Bruchteil einer Sekunde, und ein Fragment des Films wird durch die Linse mit dem Abbild der davorliegenden Szenerie belichtet. Diese Belichtung löst eine photochemische Reaktion auf dem Film aus, die die Abbildung festhält. Sobald das Innere der Kamera nach Schließen des Verschlusses wieder vollständig verdunkelt ist, kann der Film zum nächsten unbelichteten Segment der Rolle gedreht werden, und ist damit bereit für die nächste Belichtung. Diese Belichtungen erzeugen „latente Bilder" auf dem Film, die erst bei der Entwicklung sichtbar werden.

Das ist natürlich nur ein grober Abriss der grundlegenden Mechanik des Fotografierens. Auf den folgenden Seiten erhalten Sie weitere, detaillierte Informationen zur Funktionsweise und Interaktion dieser Komponenten. Anschließend werden Sie bestens mit den wichtigsten Vorgängen der analogen Fotografie vertraut sein.

INHALT

016–035

036–059

060–099

100–115

116–149

150–175

ALLGEMEINE TERMINOLOGIE

LINSEN & OBJEKTIVE

VERSCHLUSS & BELICHTUNG

AUSWIRKUNG VON BLENDE & BELICHTUNGSZEIT

MESSSUCHER- & SR-KAMERAS

FILM & FILTER

016–035

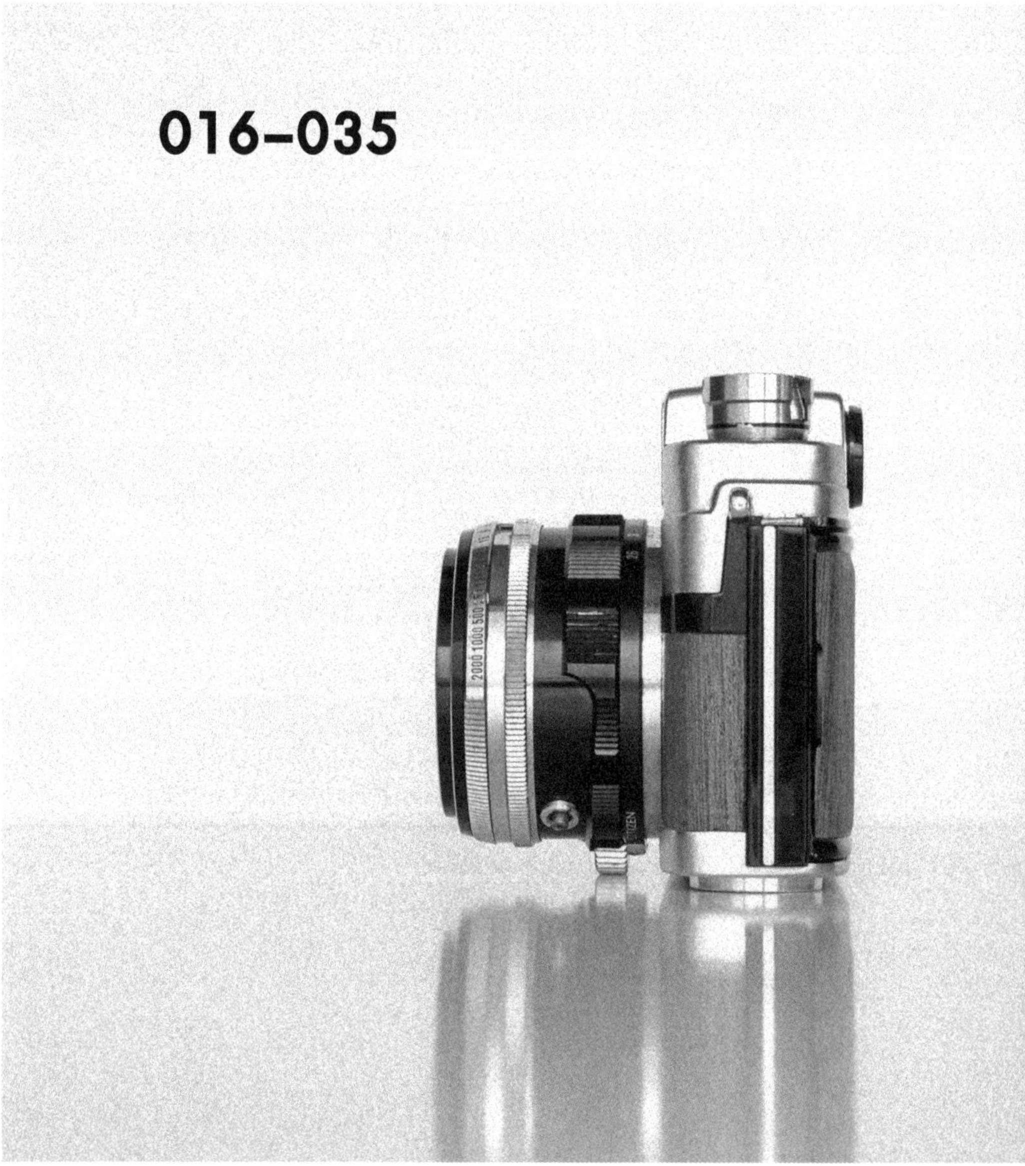

ALLGEMEINE TERMINOLOGIE

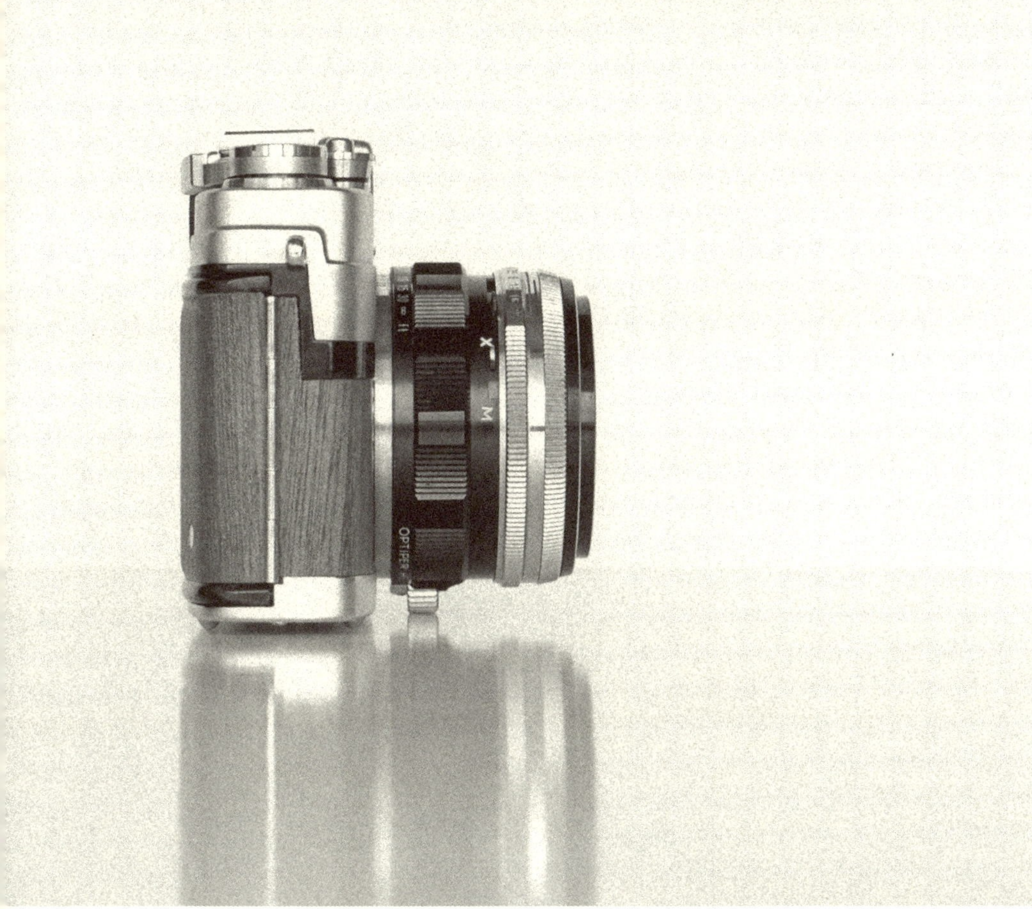

Allgemeine Terminologie

01 Verschlussspannhebel
02 Filmhaken
03 Filmwickelknopf
04 Filmtransporthebel
05 Auslöser
06 Drahtauslösergewinde
07 Bildzähler
08 Entfernungsskala
09 Schärfentiefeskala
10 Selbstauslöser
11 Zubehörschuh
12 Filmebenenmarkierung
13 Spiegelvorauslösung
14 Rückspulkurbel
15 Rückwandentriegelung
16 Sucherfenster
17 Entfernungsmesserfenster
18 Belichtungsfenster
19 Verschlusszeitenring
20 Verschlusszeiten-Einstellrad
21 Einstellräder für kurze und lange Verschlusszeiten
22 Irisblende / Blendenring
23 Belichtungsmesserfenster
24 Blitzschalter / Blitzeinstellhebel
25 Blitzkontakt für Kabelblitzgeräte

26 Filmaufwickelspule
27 Transportrolle
28 Rückspulspindel
29 Filmkammer
30 Filmführung
31 Schlitzverschluss
32 Andruckplatte

33 Sucherokular
34 Entfernungsmesserokular
35 Sucheranpassungs-Schalter
36 Filmkontrollfenster
37 Sperrfeder zum Einstellen der Filmempfindlichkeit
38 Filmempfindlichkeits-Einstellrad
39 Filmrückspulknopf
40 Fokusring
41 Stativbuchse
42 Objektiventriegelungsknopf
43 Filmtypanzeige
44 Bodenplatte
45 Schärfentiefe-Prüftaste / Abblendtaste

01 **Verschlussspannhebel**: wird verwendet, um vor der Aufnahme eines Fotos die Verschlussmechanik zu spannen (aufzuziehen).

02 **Filmhaken**: nur noch selten zu finden, wird nach unten gedrückt, um den Film zu transportieren, und losgelassen, sobald der Film das nächste Bild erreicht hat.

03 **Filmwickelknopf**: vornehmlich an älteren Kameras, bewegt die Filmrolle bei einer kompletten Umdrehung des Knopfes in Pfeilrichtung vorwärts zum nächsten Bild. Sofern der Apparat keinen separaten Spannhebel besitzt, wird durch Drehen dieses Knopfes auch der Verschluss gespannt. (In diesem Fall sollte der Knopf nur direkt vor der Aufnahme gedreht werden, da die Feder sonst gespannt bleibt und mit der Zeit an Zugkraft verliert.)

04 **Filmtransporthebel**: auch Schnellspannhebel, bewegt Film und Bildzähler bei jeder ganzen Bewegung um ein Bild weiter. In den meisten Fällen wird dabei auch der Verschluss gespannt, um Doppelbelichtungen zu vermeiden. Je nach Gerät braucht es dafür einen langen oder mehrere kleinere Anschläge. Je nach Apparat muss der Hebel insgesamt zwischen 170° und 220° weit gedreht werden. Während die ersten 20° noch keinen Effekt auf den Transport des Films haben, bedingt die Länge der einzelnen Drehbewegungen, wie einfach oder schwer sich der Hebel bedienen lässt. Sobald das letzte Bild des Films belichtet wurde, lässt sich der Hebel nicht weiter betätigen.

05 **Auslöser**: wird zur Aufnahme eines Fotos gedrückt. Dabei löst sich der Verschluss aus der gespannten Position, um sich für die Belichtung des Films zu öffnen und wieder zu schließen.

06 **Drahtauslösergewinde**: ein Gewindeloch in der Mitte des Auslösers, in das ein standardmäßiger Kabelfernauslöser eingeschraubt werden kann, um den Auslöser aus der Ferne zu betätigen.

07 **Bildzähler**: zeigt mit Ziffern von 1 bis 36 an, wie viele Bilder bereits auf einer Filmrolle festgehalten wurden. Die Ziffer erhöht sich automatisch mit jedem Vorrücken des Films.

08 **Entfernungsskala**: eine Reihe von Zahlen auf dem Fokusring des Objektivs, die die Distanz zwischen dem fokussierten Objekt und der Filmebene der Kamera angeben (in Metern und Fuß).

09 **Schärfentiefeskala**: ein fixierter Ring oder eine Markierung neben der Entfernungsskala des Objektivs, die die Schärfentiefe anzeigt.

10 **Selbstauslöser**: siehe 071
11 **Zubehörschuh**: siehe 099
12 **Filmebenenmarkierung**: siehe 047

13 **Spiegelvorauslösung**: Vorrichtung an manchen Spiegelreflexkameras, bei der der Schwingspiegel des Apparats in einer aufrechten Position arretiert werden kann, um in den Spiegelkasten hineinragende Objektive zu montieren oder durch Spiegelschlag verursachte Bild- und Verwacklungsunschärfen zu vermeiden.

14 **Rückspulkurbel**: ein Rädchen, das sich üblicherweise auf der Oberseite, in manchen Fällen aber auch an der Unterseite des Kameragehäuses befindet, und dessen Betätigung in Pfeilrichtung die Filmrolle (bei gleichzeitig gedrückter Rückspultaste) zurück in die Filmpatrone spult. Die Kurbel fungiert in vielen Fällen auch als Rückwandentriegelung (wenn dafür kein separater Hebel vorhanden ist): Wenn die Kurbel hochgezogen wird, springt die Rückwand des Gehäuses automatisch auf.

15 **Rückwandentriegelung**: Hebel oder Haken auf der Rückseite des Kameragehäuses, meist gegenüber den Scharnieren der Deckklappe, der die Rückabdeckung geschlossen hält und bei Betätigung entsprechend öffnet.

16 **Sucherfenster**: siehe 130
17 **Entfernungsmesserfenster**: siehe 130
18 **Belichtungsfenster**: siehe 130

19 **Verschlusszeitenring**: drehbarer Ring am Objektivtubus (von Festobjektivkameras), der zur Einstellung der Verschlusszeit bewegt werden kann. Die Markierungen auf dem Ring stehen jeweils für Sekundenbruchteile (250 steht für eine 1/250-Sekunde). Die Zahl gegenüber der Indexmarkierung ist entsprechend die ausgewählte Verschlusszeit.

20 **Verschlusszeiten-Einstellrad**: kleineres Einstellrad an der Oberseite des Kameragehäuses von Wechselobjektivkameras (der Verschluss ist Teil des Gehäuses, nicht des Objektivs), das zur Auswahl der Verschlusszeit gedreht wird. Auch hier geben die Markierungen auf dem Rad Sekundenbruchteile an (zum Beispiel 250 für eine 1/250-Sekunde). Das Rad kann sich auch an der Vorderseite des Kameragehäuses befinden. Die Zahl gegenüber der Indexmarkierung ist entsprechend die ausgewählte Verschlusszeit.

21 **Einstellräder für kurze und lange Verschlusszeiten**: siehe 070

22 **Irisblende / Blendenring**: Ring am Objektivtubus, der gedreht werden kann, um die Größe der Blende zu wählen. Die Markierungen auf dem Ring stehen für die verschiedenen Blendenstufen. Die Blendenzahl (f/Blendenzahl) gegenüber der Indexmarkierung am Objektiv gibt die ausgewählte Blendenstufe an.

23 **Belichtungsmesserfenster**: Fenster, hinter dem sich ein lichtempfindlicher Sensor befindet. Dieser Belichtungsmesser misst die Intensität des einfallenden Lichtstroms.

24 **Blitzschalter / Blitzeinstellhebel**: siehe 096
25 **Blitzkontakt für Kabelblitzgeräte**: siehe 099

26 **Filmaufwickelspule**: ein Metall- oder Kunststoffzylinder auf der Rückseite des Kameragehäuses, unmittelbar unterhalb des Filmtransporthebels. Bei jedem Vorrücken des Films werden die bereits belichteten Abschnitte der Filmrolle fest um die Spule herum aufgewickelt, bis der nächste unbelichtete Abschnitt an der Filmführung entlang direkt hinter den Verschluss befördert wurde. Die Spule verfügt in der Regel über einen Schlitz, in die die Filmzunge beim Einlegen des Films eingefädelt wird.

27 **Transportrolle**: ein mechanisch direkt mit der Filmaufwickelspule verbundener Zylinder. Er hat oben und unten kleine Verzahnungen, in die die Perforationen an der Ober- und Unterkante der Filmrolle einrasten, um sie vorspulen und korrekt ausrichten zu können.

28 **Rückspulspindel**: gabelförmiger Zapfen im Kamerarückteil, der direkt mit der Filmrückspulkurbel verbunden ist. Er rastet in die Filmpatrone ein, wenn diese in die Filmkammer eingesetzt wird, sodass der Film durch Drehen der Rückspulkurbel aufgewickelt werden kann.

29 **Filmkammer**: Bereich im rückseitigen Kameragehäuse, in den die Filmpatrone nach Öffnen der Rückwand eingesetzt wird. Befindet sich in der Regel ganz links.

30 **Filmführung**: zwei glatte Schienen im Kamerarückteil, die entlang der Filmebene parallel zu den Kanten des Films verlaufen. Sie kommen durch schließen der Rückwand in Kontakt mit der Andruckplatte und sorgen so dafür, dass der Film reibungslos transportiert wird und während der Belichtung korrekt ausgerichtet und flach gespannt ist.

31 **Schlitzverschluss**: siehe 067

32 **Andruckplatte**: ein glatte, federgespannte Platte in der Kamerarückwand, die den Film bei geschlossenem Rückwanddeckel fest gegen die Filmführung drückt. So hält sie den Film während der Belichtung sicher und fest auf der Filmebene.

33 **Sucherokular**: siehe 130
34 **Entfernungsmesserokular**: siehe 130

35 **Sucheranpassungs-Schalter**: Schalter oder Hebel am Gehäuse einiger Messsucherkameras mit Wechselobjektiven, mit dem das Sucherbild optimiert und an die Brennweite des verwendeten Objektivs (meist 35-mm-, 50-mm-, 100-mm- oder 135-mm-Objektive) angepasst wird.

36 **Filmkontrollfenster**: Sichtfenster an einigen Kameras, durch überprüft werden kann, ob der Film korrekt eingeführt und geladen wurde. Es ermöglicht die fortwährende Kontrolle der Ausrichtung und des Transports des Films bei der Verwendung der Kamera. (Dass der Film korrekt eingelegt wurde erkennt man in der Regel daran, dass sich die Rückspulkurbel beim Vorschieben des Films mit dreht).

37 **Sperrfeder zum Einstellen der Filmempfindlichkeit**: in der Regel eine Sperrfeder an der Unterseite von festen Objektiven mit Entfernungs- und Belichtungsmesser. Sie kann durch Eindrücken verschoben werden, um die Einstellung des Belichtungsmesser an die Filmempfindlichkeit des Films anzupassen.

38 **Filmempfindlichkeits-Einstellrad:** Bei einer Wechselobjektivkamera mit eingebautem Belichtungsmesser ist dies normalerweise Teil des Verschlusszeiten-Einstellrads und wird durch Anheben und Drehen des Rads eingestellt, bis die der Filmempfindlichkeit entsprechende Zahl in einer kleinen Aussparung sichtbar ist. Manche Kameras verfügen auch über ein eigenes, separates Rad zur Einstellung der Filmempfindlichkeit auf der Vorderseite des Kameragehäuses.

39 **Filmrückspulknopf**: befindet sich normalerweise auf der Unterseite des Kameragehäuses. Durch Eindrücken kann der Film in die Filmpatrone zurückgespult werden. Alternativ kann sich an der Ober- oder Unterseite der Kamera ein Rücklaufhebel mit der Bezeichnung R zum Zurückspulen des Films und A zum Vorschieben des Films befinden. (Bei Einstellung auf R wird die automatische Kopplung von Filmtransport und Verschlussmechanismus aufgehoben)

40 **Fokusring**: ein Ring am Objektiv, der gedreht wird, um den Fokus der Kamera scharf zu stellen.

41 **Stativbuchse**: Gewindebohrung (3/8" oder 1/4") an der Unterseite des Kameragehäuses, in das Zubehör – in der Regel ein Kamerastativ – eingeschraubt werden kann.

42 **Objektiventriegelungsknopf**: befindet sich neben dem Objektiv auf der Vorderseite des Gehäuses einer Kamera mit Wechselobjektiv und Bajonettverschluss. Es handelt sich um einen kleinen Knopf, der durch Niederdrücken das Objektiv entriegelt, sodass es gedreht und abgenommen werden kann. Verschlüsse älterer Kameras waren mit einem Gewinde versehen, sodass das Objektiv auf den Flansch des Kameragehäuses aufgeschraubt wurde.

43 **Filmtypanzeige:** Einige Kameras verfügen über eine Anzeige, die den Fotografierenden an die Filmempfindlichkeit sowie den Typ des eingelegten Films erinnert. In der Regel werden hier Symbole für Schwarzweißfilme, Tageslichtfarbfilme und Kunstlichtfarbfilme verwendet.

44 **Bodenplatte**: Bei manchen Kameras befindet sich die Filmkammer für das Einlegen der Filmpatrone an der Unterseite des Kameragehäuses. In diesem Falle muss die Bodenplatte durch Entriegelung des Verschlusshebels geöffnet werden.

45 **Schärfentiefe-Prüftaste / Abblendtaste:** Um zu jeder Zeit das hellstmögliche Sucherbild zu erhalten, werden die Objektivblenden während der Betrachtung, Fokussierung und Belichtungseinstellung weit geöffnet. Einige Spiegelreflexkameras sind jedoch mit einer Schärfentiefe-Prüftaste ausgestattet. Durch Drücken dieser Taste wird die Blende auf die tatsächlich gewählte Blendenstufe geschlossen, sodass unter anderem eine akkurate Vorschau der Schärfentiefe direkt im Sucher möglich ist. (Das bedeutet auch, dass die Vorschau im Sucher umso dunkler wird, je kleiner die Öffnung der Blende eingestellt ist.)

08 Entfernungsskala
09 Schärfentiefeskala
10 Selbstauslöser
19 Verschlusszeitenring
22 Irisblende / Blendenring
24 Blitzschalter / Blitzeinstellhebel
37 Sperrfeder zum Einstellen der Filmempfindlichkeit

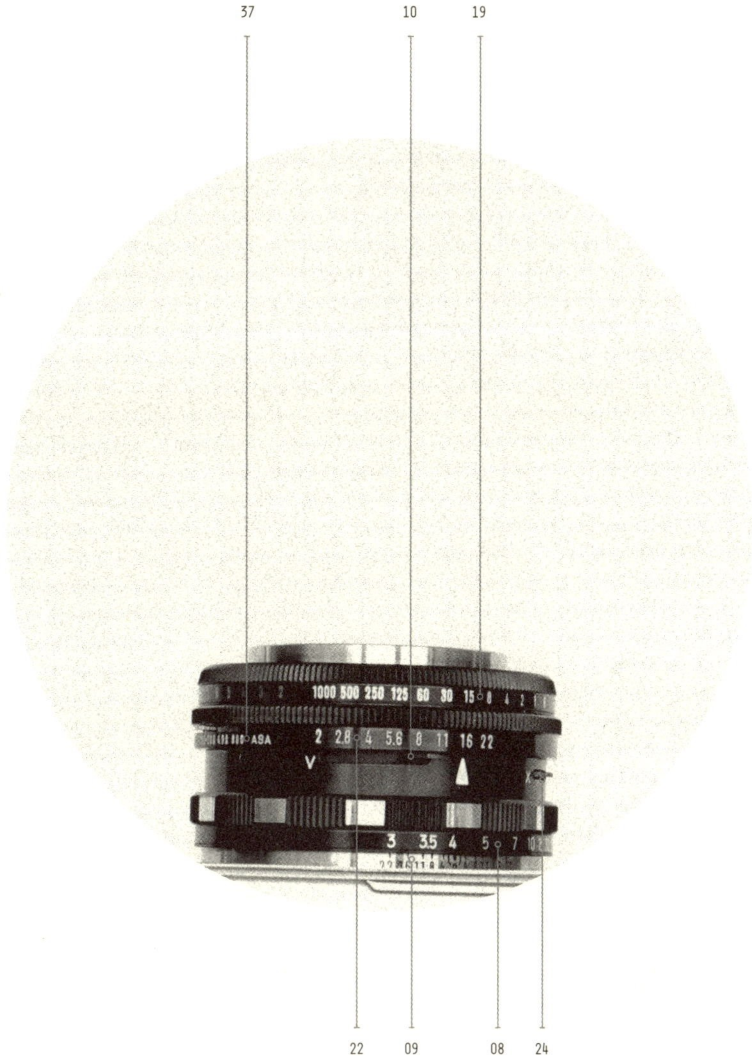
37
10
19
1000 500 250 125 60 30 15
ASA
2 2.8 4 5.6 8 11 16 22
3 3.5 4 5 7
22
09
08
24

23

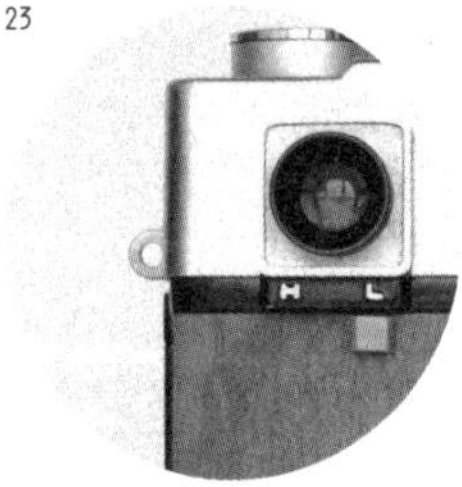

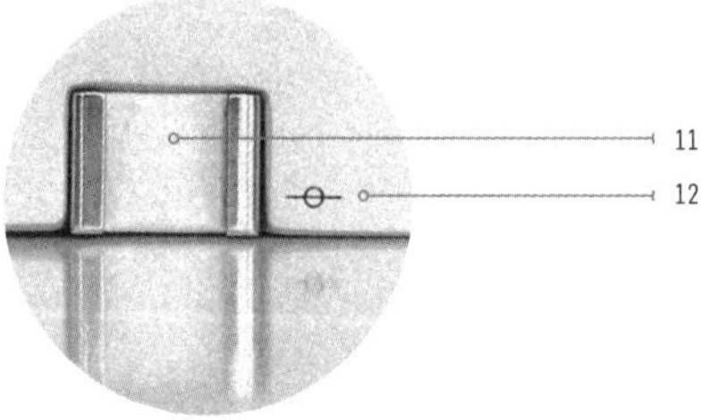

14

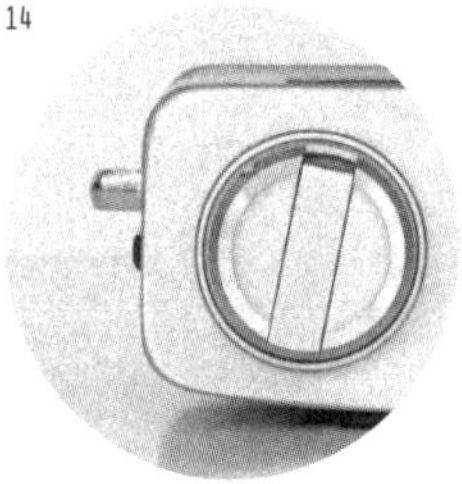

24

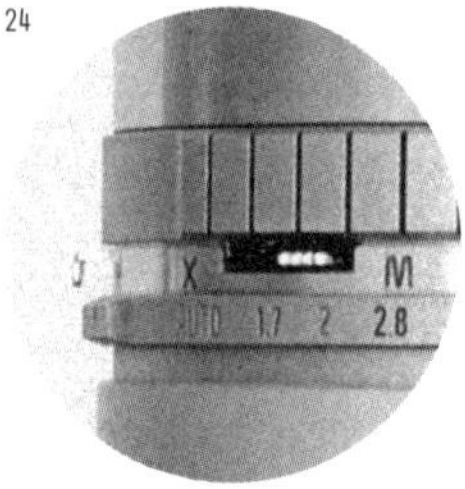

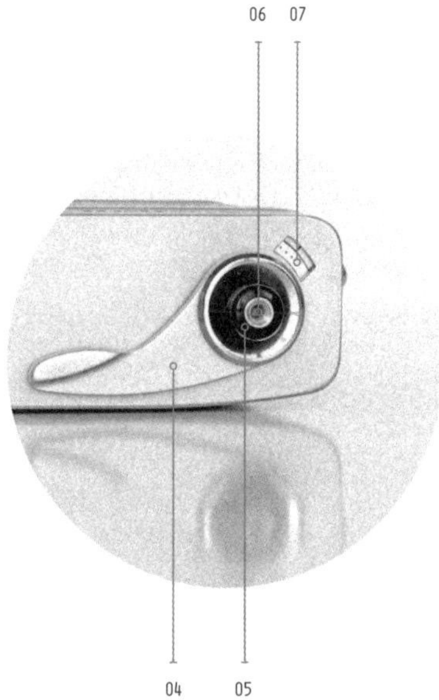

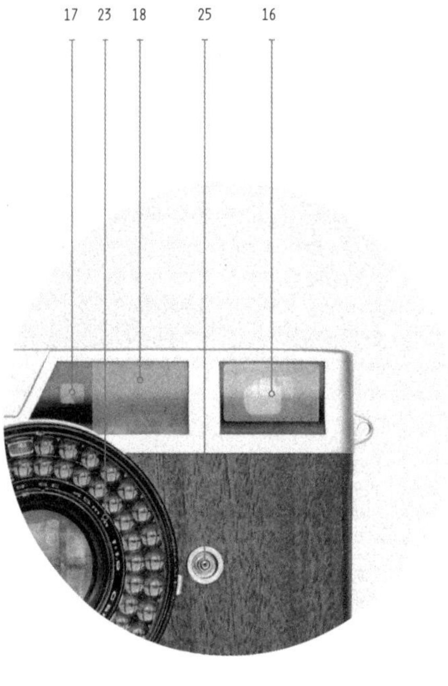

04 Filmtransporthebel
05 Auslöser
06 Drahtauslösergewinde
07 Bildzähler
11 Zubehörschuh
12 Filmebenenmarkierung
14 Rückspulkurbel
16 Sucherfenster
17 Entfernungsmesserfenster
18 Belichtungsfenster
23 Belichtungsmesserfenster
24 Blitzschalter / Blitzeinstellhebel
25 Blitzkontakt für Kabelblitzgeräte

14 Rückspulkurbel
15 Rückwandentriegelung
19 Verschlusszeitenring
22 Irisblende / Blendenring
25 Blitzkontakt für Kabelblitzgeräte
33 Sucherokular
40 Fokusring

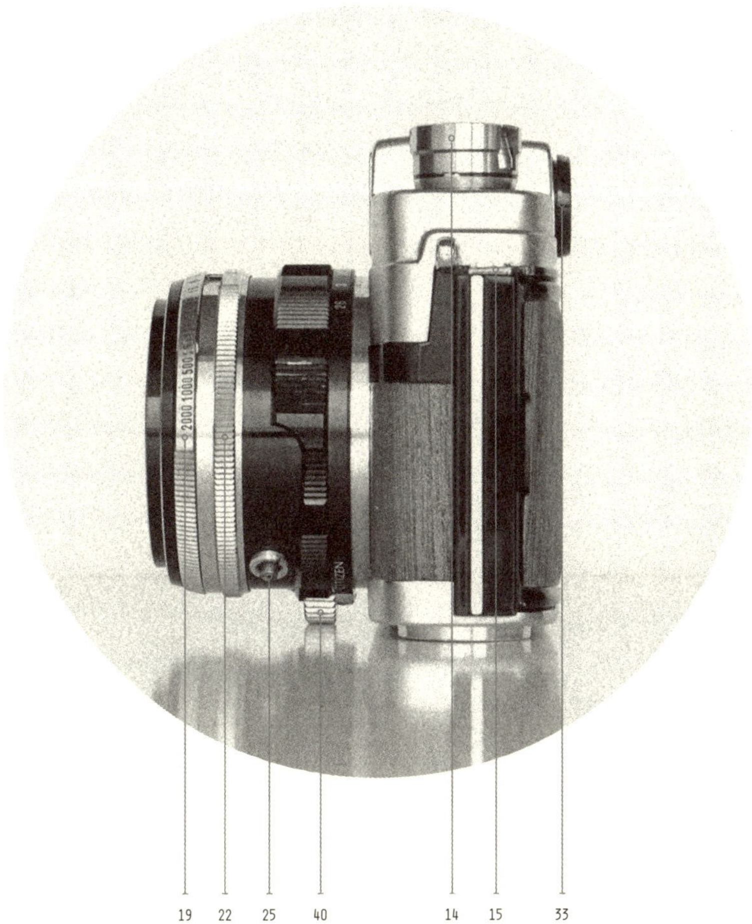

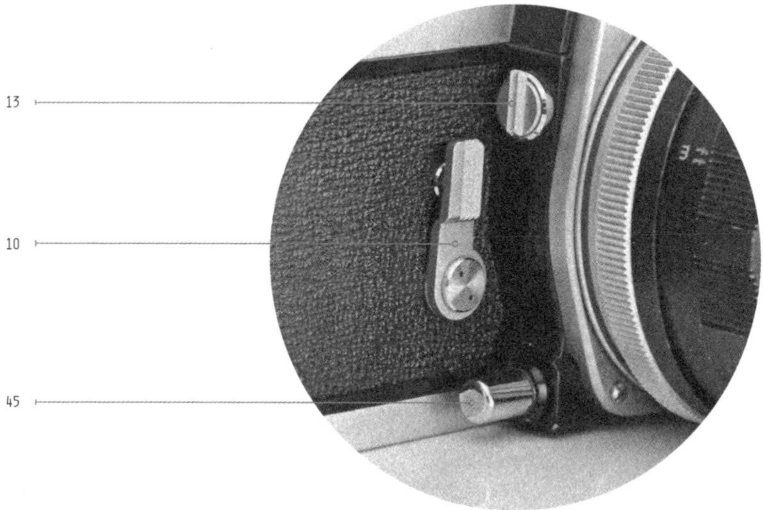

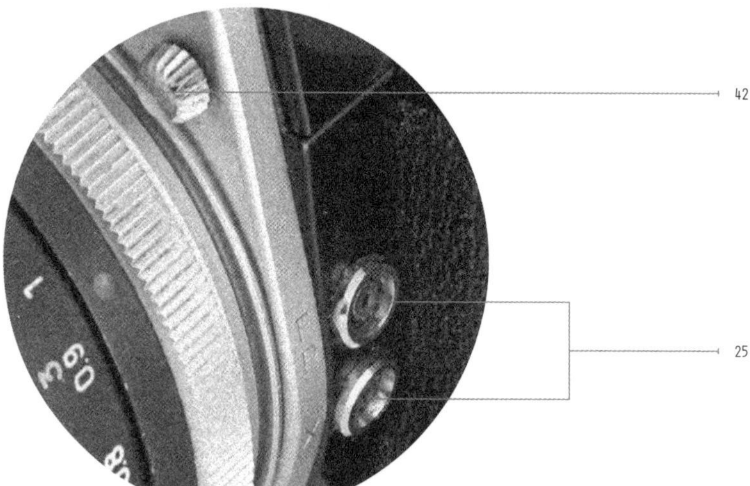

10 **Selbstauslöser**
13 **Spiegelvorauslösung**
45 **Schärfentiefe-Prüftaste / Abblendtaste**
25 **Blitzkontakt für Kabelblitzgeräte**
42 **Objektiventriegelungsknopf**

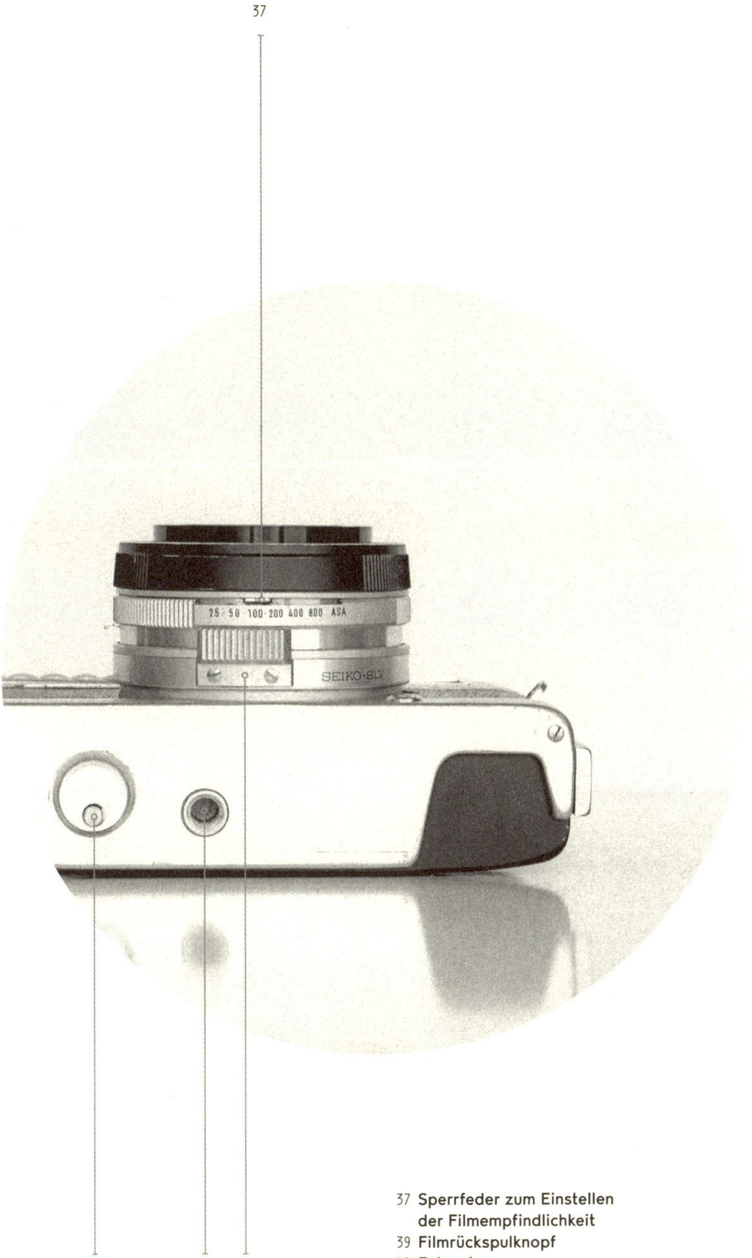

37 Sperrfeder zum Einstellen der Filmempfindlichkeit
39 Filmrückspulknopf
40 Fokusring
41 Stativbuchse

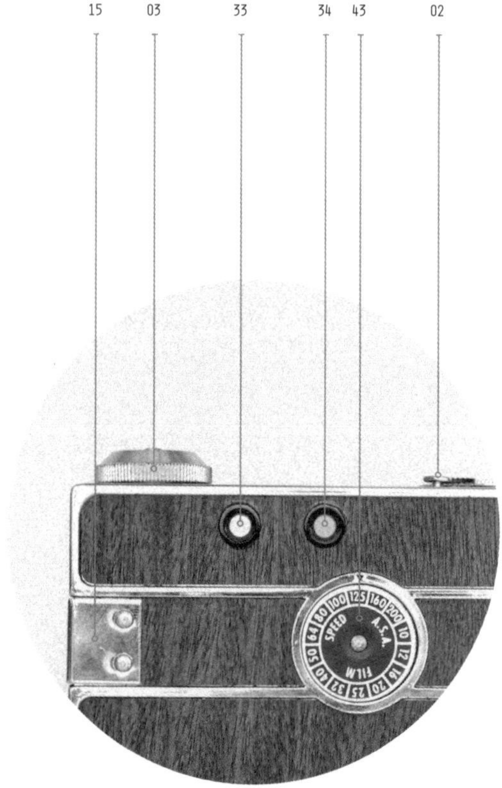

01

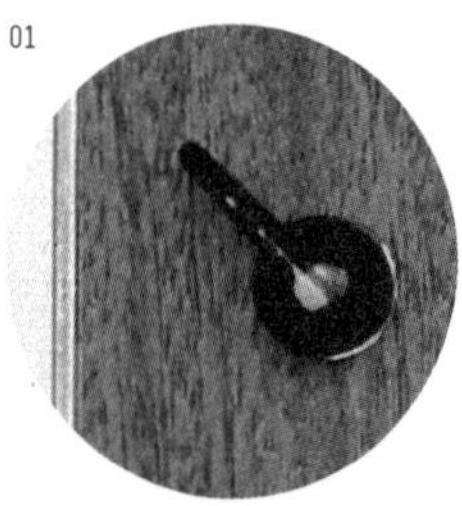

20

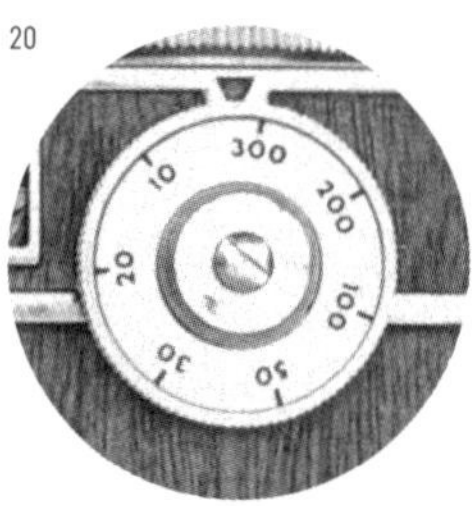

43

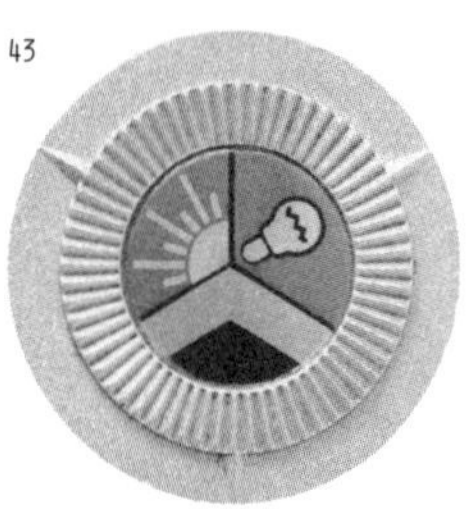

01 **Verschlussspannhebel**
02 **Filmhaken**
03 **Filmwickelknopf**
15 **Rückwandentriegelung**
20 **Verschlusszeiten-Einstellrad**
33 **Sucherokular**
34 **Entfernungsmesser-Okular**
43 **Filmtypanzeige**

11 36 04 05

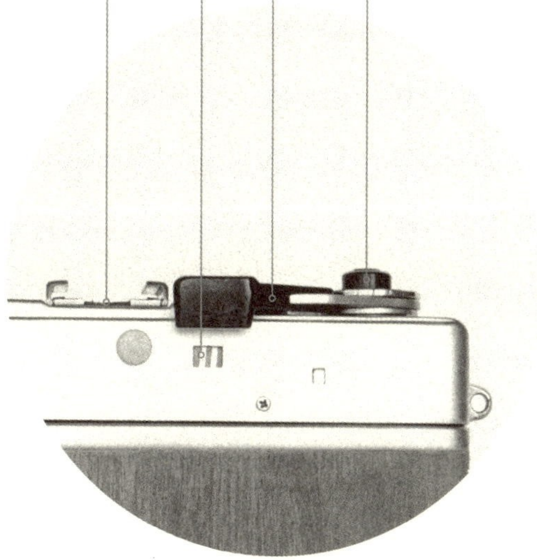

04 Filmtransporthebel
05 Auslöser
11 Zubehörschuh
14 Rückspulkurbel
16 Sucherfenster
35 Sucheranpassungs-Schalter
36 Filmkontrollfenster

14
16
35

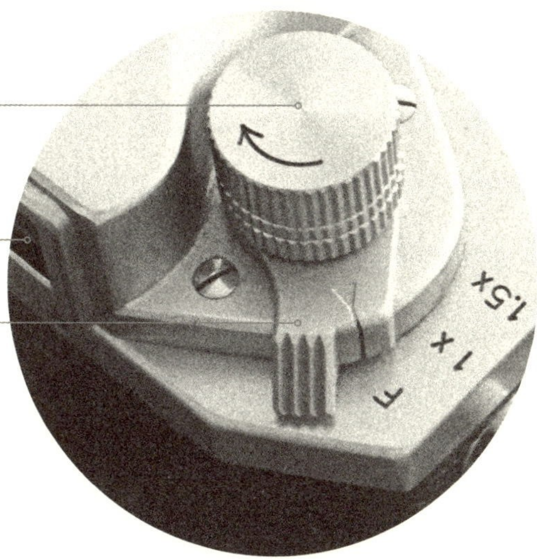

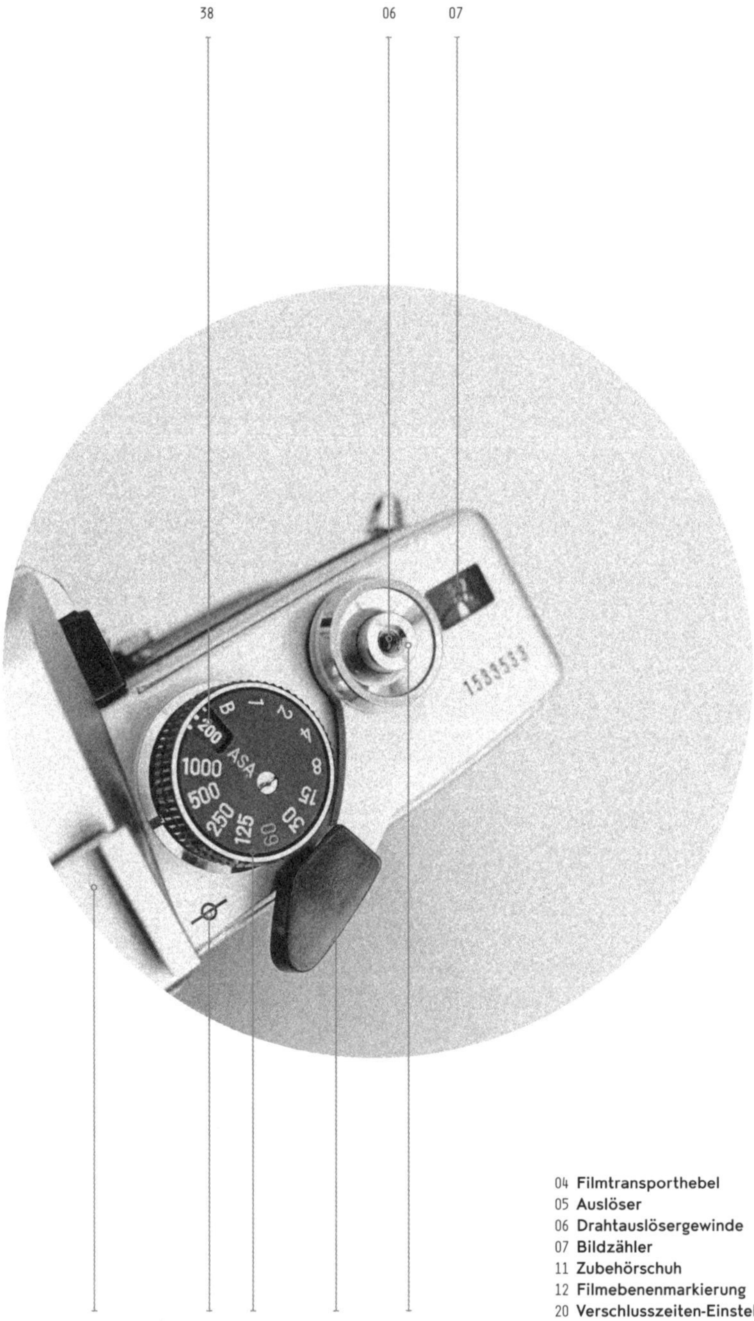

04 Filmtransporthebel
05 Auslöser
06 Drahtauslösergewinde
07 Bildzähler
11 Zubehörschuh
12 Filmebenenmarkierung
20 Verschlusszeiten-Einstellrad
38 Filmempfindlichkeits-Einstellrad

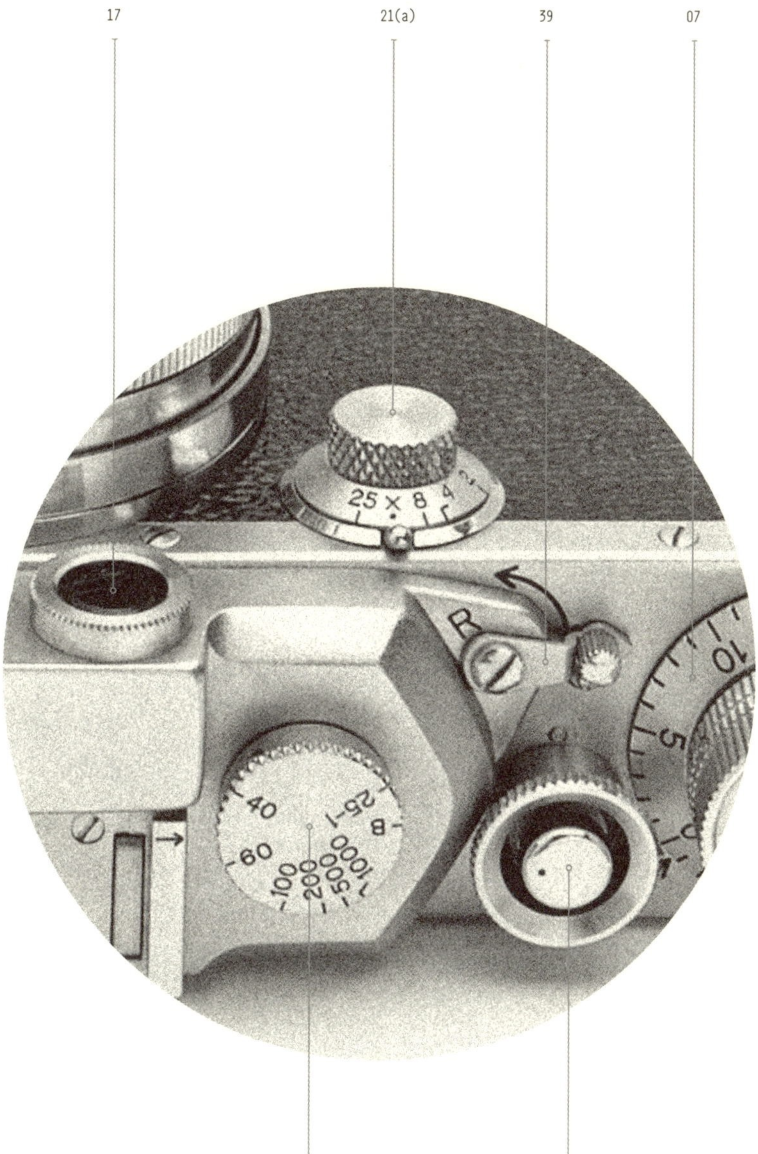

05 Auslöser
07 Bildzähler
17 Entfernungsmesserfenster
21(a) Einstellrad für lange Verschlusszeiten
21(b) Einstellrad für kurze Verschlusszeiten
39 Filmrückspulknopf

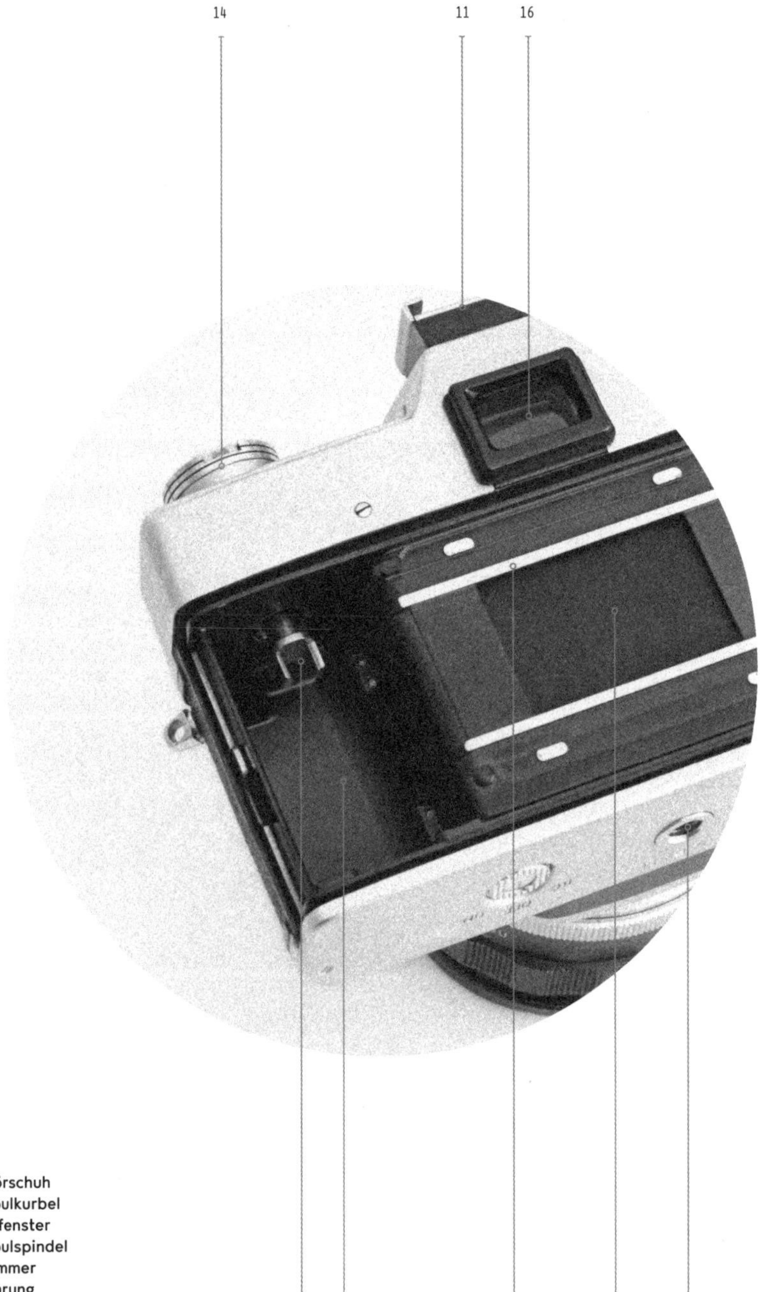

11 Zubehörschuh
14 Rückspulkurbel
16 Sucherfenster
28 Rückspulspindel
29 Filmkammer
30 Filmführung
31 Schlitzverschluss
41 Stativbuchse

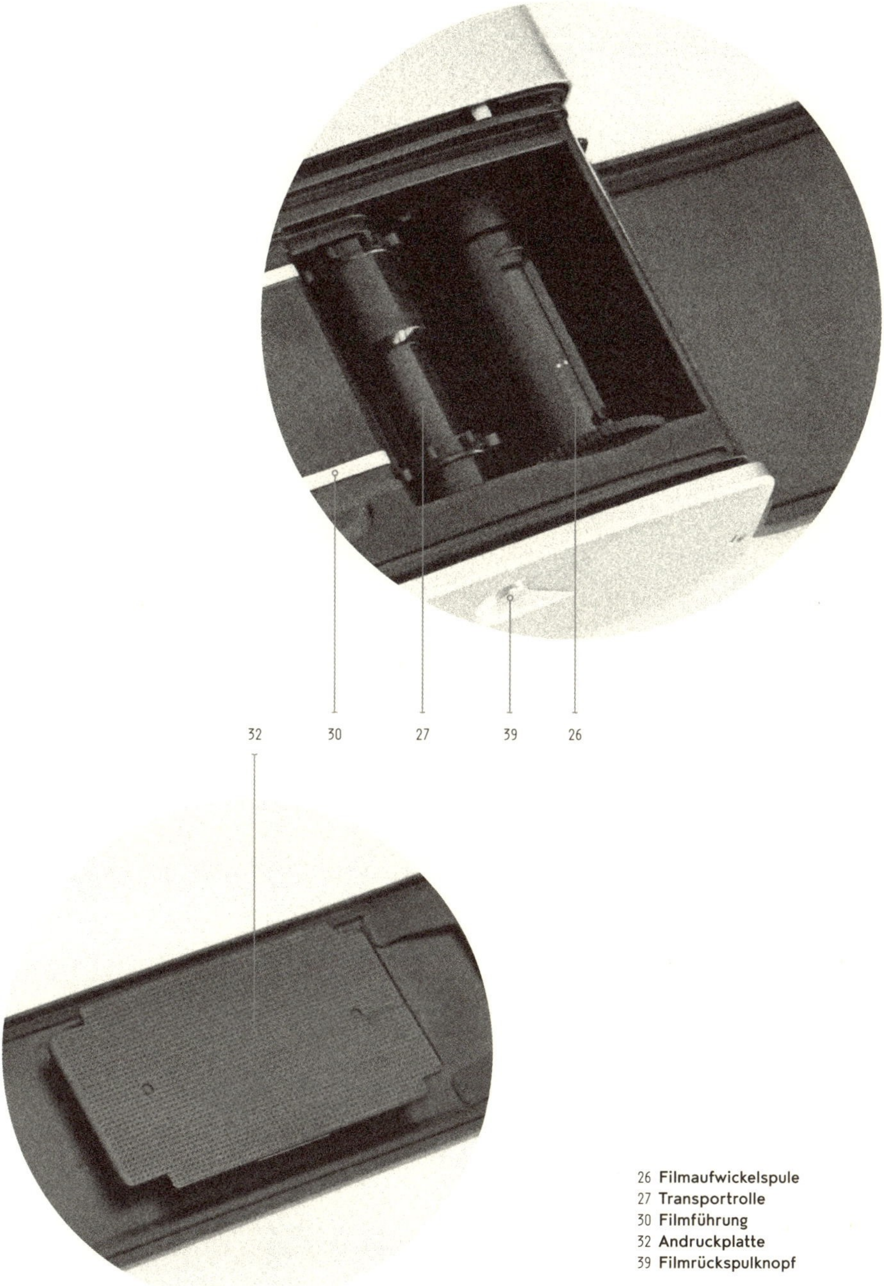

26 Filmaufwickelspule
27 Transportrolle
30 Filmführung
32 Andruckplatte
39 Filmrückspulknopf

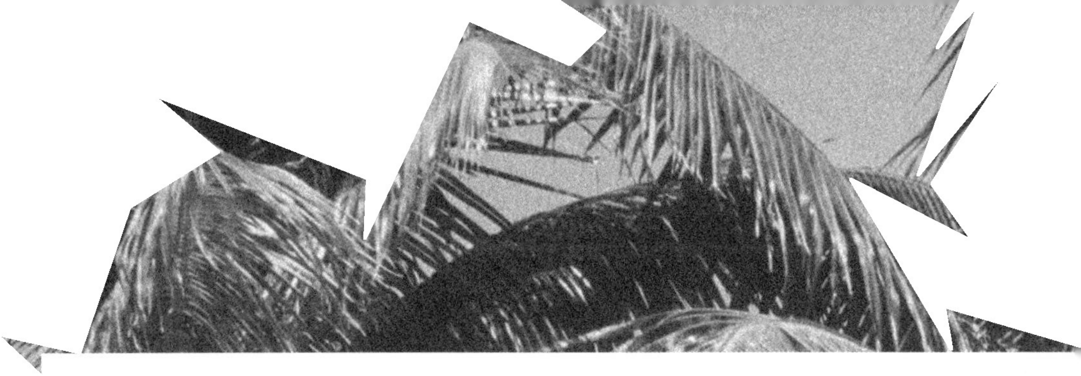

036–059

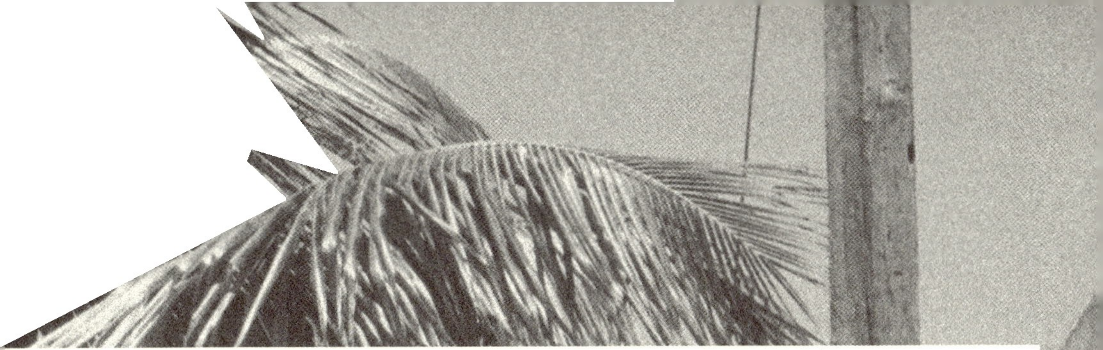

LINSEN & OBJEKTIVE

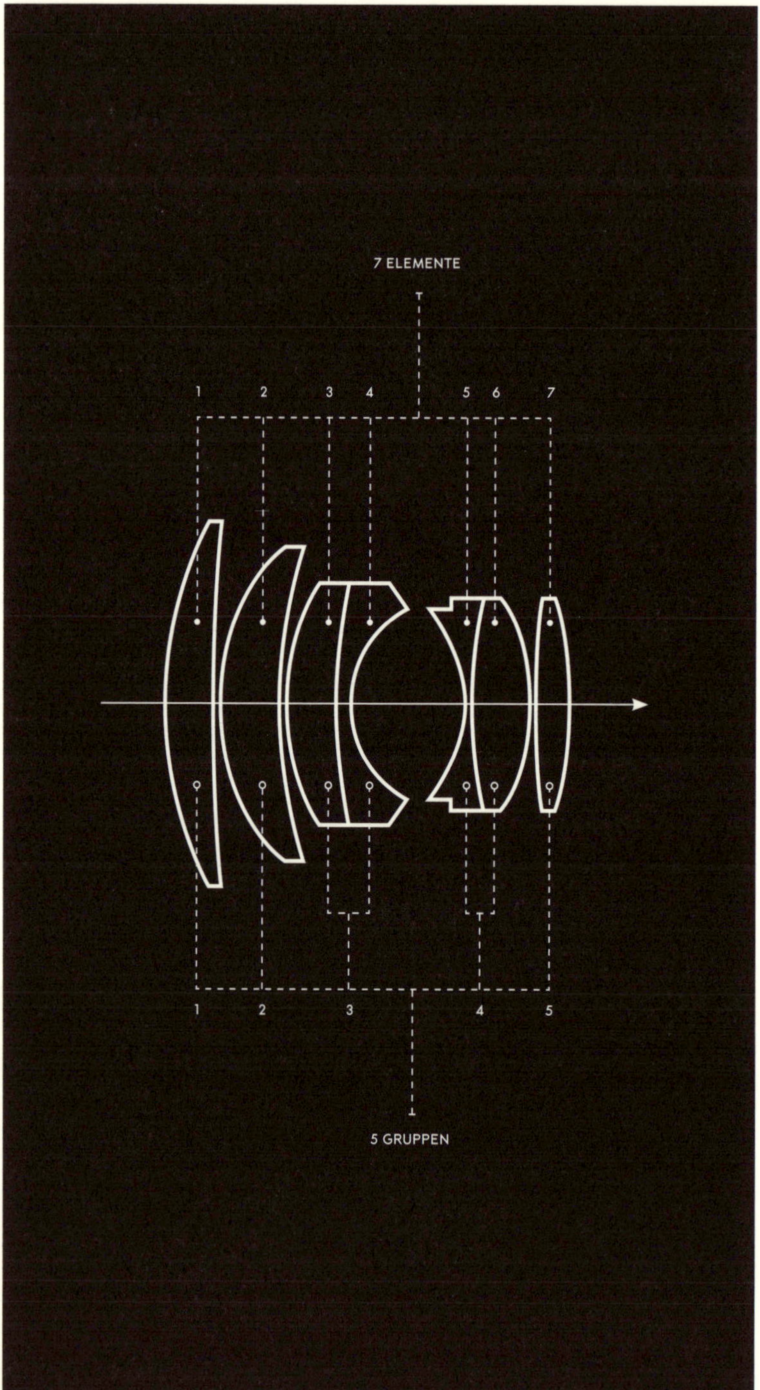
7 ELEMENTE
1 2 3 4 5 6 7
1 2 3 4 5
5 GRUPPEN

047 Filmebene / Markierung

Linsenelemente & -gruppen

Ein Objektiv besteht aus einem oder mehreren Teilen optischen Materials (meist Glas oder Kunststoff) und ist so aufgebaut, dass es alle Wellenlängen des einfallenden Lichtstroms in einem einzigen Brennpunkt bündelt, um ein scharfes Bild auf der Filmebene (auch Bildebene, in der Optik Brennebene) zu erzeugen.

Bei einem Blick in die Beschreibung der technischen Eigenschaften einer Kamera werden Sie feststellen, dass ihr Objektiv aus Elementen und Gruppen besteht.

Der Begriff Element bezieht sich auf die einzelnen Glasscheiben beziehungsweise Linsen, die im Objektiv verwendet werden. Der Begriff Gruppe wird verwendet, wenn zwei oder mehrere solcher Elemente zu einer Einheit verbunden sind. Ein Objektiv mit sieben Elementen und fünf Gruppen besteht entsprechend aus sieben Linsenelementen und fünf Linsengruppen, von denen drei aus einem Element und zwei aus je zwei Elementen bestehen.

Durch die Verwendung mehrerer Elemente können mehr optische Aberrationen (Abweichungen) korrigiert werden als mit nur einem Element, wobei die bloße Menge der Elemente noch keine Garantie für Qualität ist. Aberrationen sind optische Fehler, die zu Bildverzerrungen wie Farbsäumen an Übergängen zwischen hellen und dunklen Bildbereichen (chromatische Aberration) oder einer gekrümmten Darstellung gerader Linien (sphärische Aberration) führen.

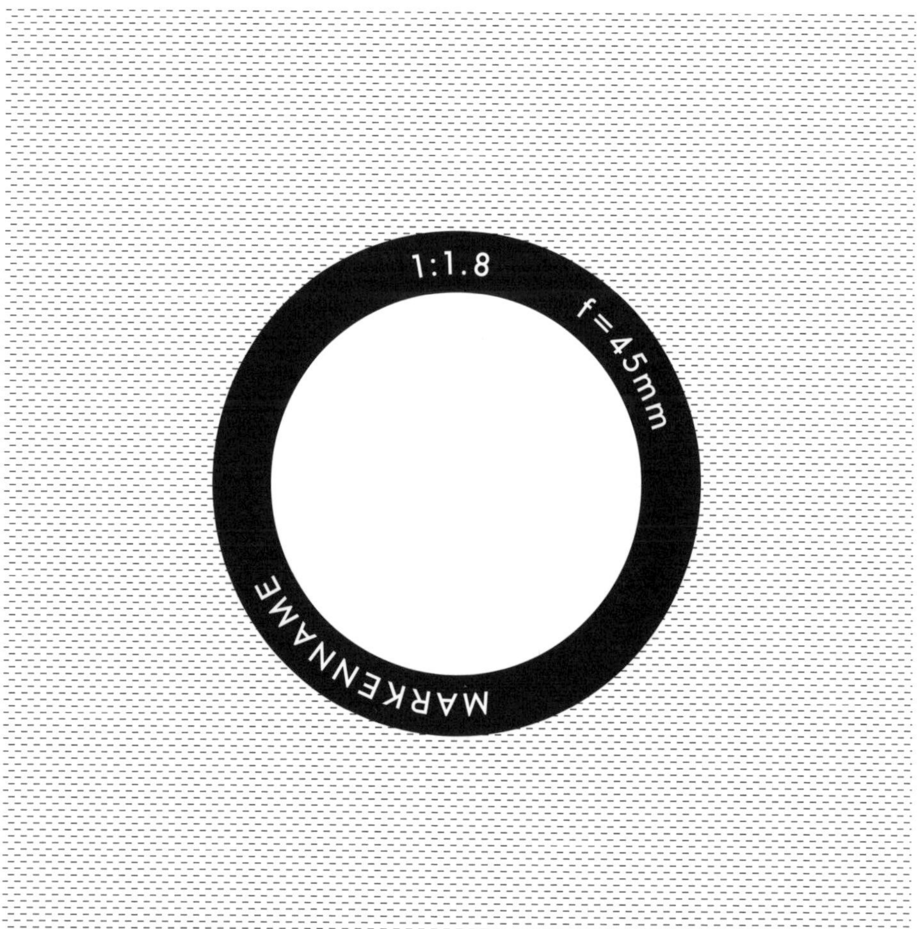
1:1.8
f=45mm
MARKENNAME

048 Brennweite
053 Bildwinkel
043 Apertur / Blende
054 Objektiv mit kurzer Verschlusszeit
056 Antireflexbeschichtung / Vergütung
039 Linsenelemente & -gruppen

Angaben auf dem Objektiv

Jedes Objektiv verfügt über ein Typenschild, auf dem spezifische Angaben zu seiner Funktionsweise gemacht werden. Die wichtigste Information liefert die Aufschrift nach dem nebenstehend abgebildeten Prinzip „1:1.8 f=45 mm" (die je nach Hersteller auch „45 mm F1.8" lauten kann). Sie liefert Informationen zu den beiden wichtigsten Parametern eines Objektivs:

Die in mm angegebene Zahl ist die Brennweite. Sie gibt uns eine Vorstellung vom Bildwinkel, da geringere Brennweiten größere Winkel ergeben. In diesem Beispiel beträgt die Brennweite 45 mm.

Die übrigen Zahlensätze beziehen sich auf die maximale Blendenöffnung des Objektivs. 1:1.8 bedeutet, dass die Blendenöffnung bei der Blendenstufe f/1.8 so groß wie möglich ist. Diese Angabe ist auch deshalb nützlich, weil sie Auskunft über die kürzeste Verschlusszeit des Objektivs gibt.

Auf einem Objektiv ist auch der Hersteller- oder Markenname und gegebenenfalls die individuelle Seriennummer vermerkt. In manchen Fällen werden zusätzlich Informationen zur Art der Beschichtung (Vergütung) der Linse und der Anzahl der Linsenelemente und -gruppen im Objektiv gegeben. Wenn das Objektiv über ein Gewinde für aufschraubbares Zubehör verfügt, ist eine Größenangabe mit dem Durchmessersymbol ø und einer Zahl in Millimetern vermerkt.

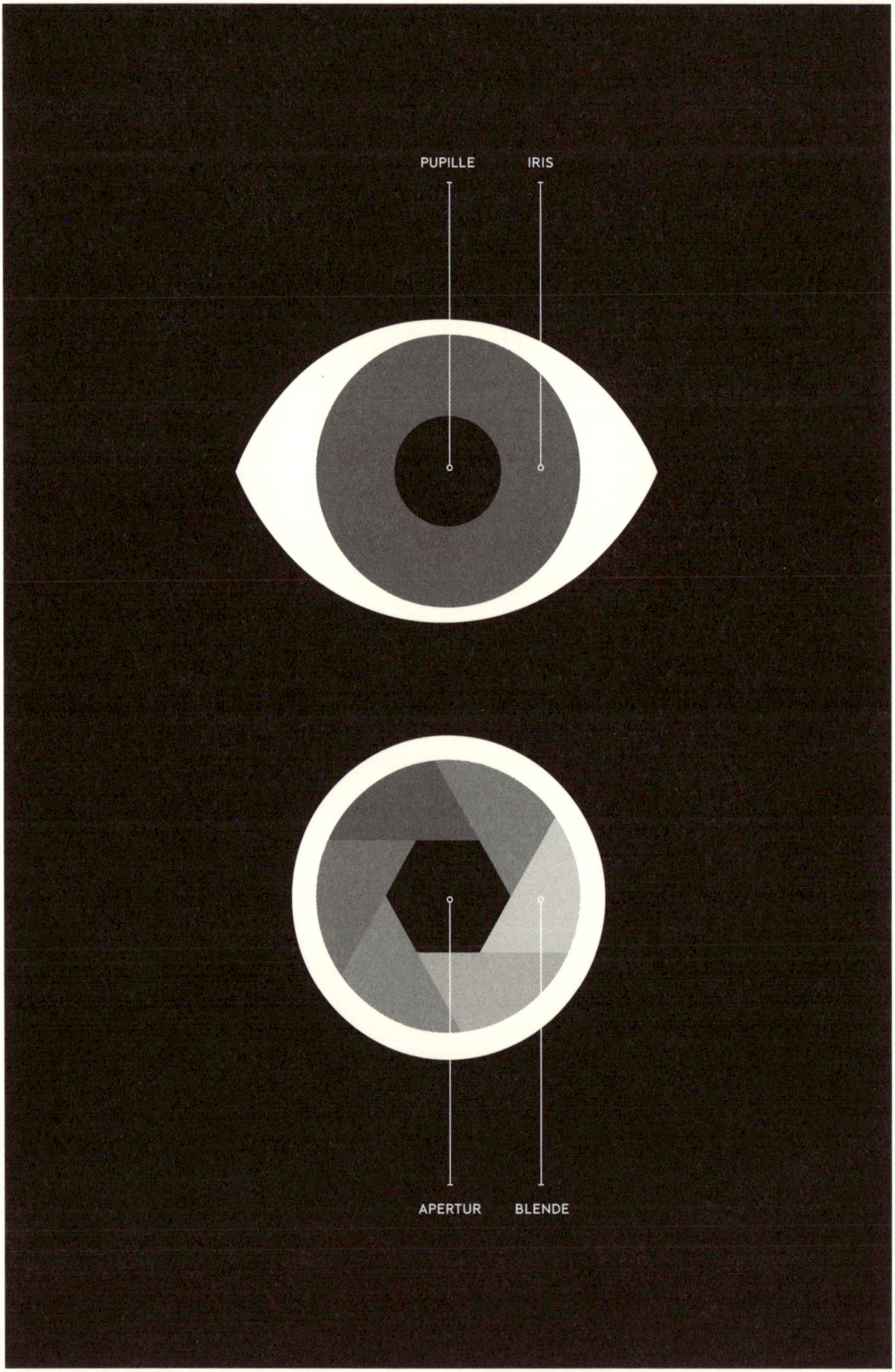
PUPILLE
IRIS
APERTUR
BLENDE

045 Blendenstufe

Apertur / Blende

Als Apertur (oder Öffnungsweite) bezeichnet man die Größe (den Durchmesser) der Öffnung, die bestimmt, wie groß der Lichtstrom ist, der in das Objektiv einer Kamera fällt und den Film belichtet. Die Apertur ist variabel: Ihr Durchmesser wird durch die Öffnung der Blende beeinflusst. Die Blendenöffnung wiederum wird durch eine Reihe von Zahlen auf dem Blendenring des Objektivs angegeben, die man als Blendenstufen (auch Blendenzahlen) bezeichnet.

Das Verhältnis zwischen Apertur und Blende kann mit der Funktionsweise des menschlichen Auges und dem Zusammenwirken von Iris und Pupille verglichen werden. Die Iris (Blende) bestimmt die Größe beziehungsweise den Durchmesser der Pupille (Apertur). In einem spärlich beleuchteten Raum muss die Pupille weit geöffnet sein, um ein Bild zu erfassen. Das Gegenteil gilt bei hellen Lichtverhältnissen. Hier muss sich die Iris eng um die Pupille zusammenziehen, um die Stärke des einfallenden Lichtstroms zu reduzieren.

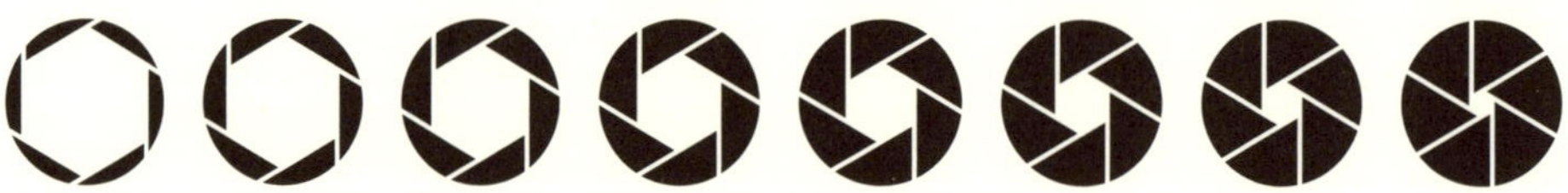

2 2.8 4 5.6 8 11 16 22

048 Brennweite
043 Apertur / Blende
076 Stufen
090 Verdopplung & Halbierung
180 Berechnung der Fläche der Blendenöffnung

Blendenstufe

Der Buchstabe „f" in der Kombination f/Zahl steht für die Brennweite des Objektivs. Die Blendenstufe setzt die Brennweite f (für Englisch: focal length) ins Verhältnis zur Apertur (dem Durchmesser der Blendenöffnung). Die Blendenstufe f/8 bedeutet beispielsweise, dass die Apertur 1/8 der Brennweite beträgt. Bei einem 45-mm-Objektiv, also einem Objektiv mit einer Brennweite von 45 mm, bedeutet die Blendenstufe f/8 folglich, dass der Durchmesser der Blendenöffnung 45/8 oder 5,6 mm beträgt.

Dieses Verhältnis ermöglicht die Verwendung derselben Zahlenreihe für alle Objektive. Bei der Wahl der Blendenstufe f/8 an einem 45-mm-Objektiv fällt exakt dieselbe Lichtmenge durch das Objektiv wie bei der Wahl derselben Blendenstufe f/8 an einem 135-mm-Objektiv, obwohl sich der tatsächliche Durchmesser der Blendenöffnung in dieser Einstellung bei beiden Objektiven unterscheidet. Die Lichtmenge, die den Film belichtet, hängt nämlich nicht vom Durchmesser, sondern der Fläche der Blendenöffnung ab.

Die typische Blendenreihe lautet:
2 2.8 4 5.6 8 11 16 22

Obwohl die Abfolge der Zahlen unregelmäßig erscheint, steht der Schritt zur nächstgrößeren Blendenstufe nach rechts immer genau für eine Halbierung der Fläche der Blendenöffnung und damit der einfallenden Lichtmenge, und die Wahl der nächstkleineren Blendenstufe nach links immer für eine Verdopplung (siehe auch Berechnung der Fläche der Blendenöffnung im Anhang).

Je kleiner die Blendenstufe, desto größer die Blendenöffnung. Je größer die Blendenstufe, desto kleiner die Blendenöffnung.

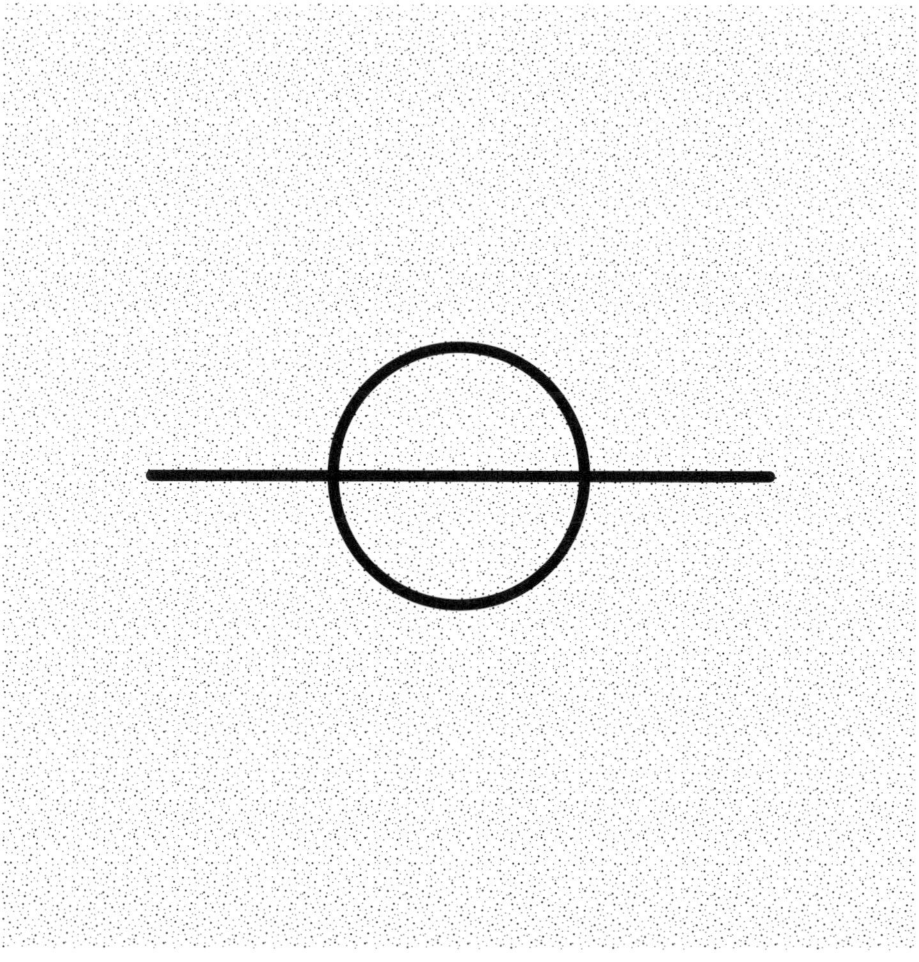

Filmebene / Markierung

Die Filmebene (auch Bildebene, in der Optik Brennebene) ist die plane Fläche in der Kamera, auf die das Objektiv den Lichtstrom zu einem Bild bündelt. Ihre Position ist auf der Oberseite des Kameragehäuses mit einer horizontalen Darstellung des Phi-Symbols (der Brennebenenmarkierung, auch Filmebenenmarkierung) gekennzeichnet. Die durch das Kreissymbol führende Linie bildet die genaue Position und Ausrichtung des Films im Kameragehäuse ab. Dadurch ergibt sich ein einheitlicher Fixpunkt, von dem aus Distanzen wie die minimale Brennweite gemessen werden können.

Brennweite

047 Filmebene / Markierung
053 Bildwinkel

Wenn der Fokus des Objektivs auf unendlich eingestellt wird, ist die Brennweite der Abstand zwischen dem Mittelpunkt des vorderen Linsenelements und dem Brennpunkt in der Kamera, der durch die Filmebenenmarkierung auf dem Kameragehäuse markiert wird. Die Brennweite gibt sowohl den Bildwinkel als auch die Vergrößerung eines jeden Objektivs an.

Weitwinkelobjektive
15 - 35 mm
Haben einen weiten Bildwinkel, sodass ein größerer Ausschnitt der Szenerie vor der Kamera in einem Foto festgehalten werden kann, und sind daher besonders für Innenaufnahmen beliebt. Sie verleihen den Bildern eine charakteristische, konvexe (nach außen gewölbte) Optik.

Normalobjektive
40 - 55 mm
Werden deshalb als „normal" bezeichnet, weil sie die Szenerie in etwa so darstellen, wie sie mit bloßem Auge gesehen wird.

Moderate Teleobjektive
85 - 135 mm
Werden in der Portraitfotografie bevorzugt, weil sie ein Gesicht mit nur minimalen Verzerrungen komplett im Bildausschnitt erfassen können (ein Gesicht, das mit einem Weitwinkel- oder Normalobjektiv eingefasst wird, wird sphärisch verzerrt und erscheint dadurch rundlicher als im wirklichen Leben).

Lange Teleobjektive
200 - 400 mm und länger
200-mm-Objektive vergrößern ein Bild in der Größenordnung vier zu eins gegenüber 50-mm-Objektiven (400-mm-Objektive entsprechend in der Größenordnung acht zu eins). Sie werden daher bevorzugt eingesetzt, wenn eine physische Verkürzung des Abstands zum Motiv unmöglich ist, wie in der Tier- und Sportfotografie.

Je nach Abstand zum zentralen Motivbereich einer Aufnahme kann die Brennweite des Objektivs den augenscheinlichen Abstand zwischen Vorder- und Hintergrund verändern, und damit auch die Größenverhältnisse zwischen Gegenständen und Bereichen im Vorder- und Hintergrund.

Bei jedem der folgenden (auf der nächsten Doppelseite illustrierten) Beispiele bleibt der zentrale Motivbereich im Vordergrund etwa gleich groß im Bild, aber der Hintergrund wird unterschiedlich groß wiedergegeben:

- Bei einer kurzen Aufnahmedistanz stellt ein Weitwinkelobjektiv den Vordergrund deutlich größer dar als den Hintergrund, so dass die Motive im Hintergrund weit entfernt und klein erscheinen.

- Bei einer mittleren Aufnahmedistanz stellt ein Normalobjektiv die Größenverhältnisse der Szenerie in etwa genauso dar, wie sie das Auge auch in Wirklichkeit wahrnimmt.

- Ein Teleobjektiv verkürzt den (wahrgenommenen) Abstand zwischen Vorder- und Hintergrund, sodass die Motivbereiche im Hintergrund näher und größer erscheinen als im wirklichen Leben. Dieser Effekt wird als „Hintergrundkomprimierung" bezeichnet.

Brennweite
Hintergrundkomprimierung

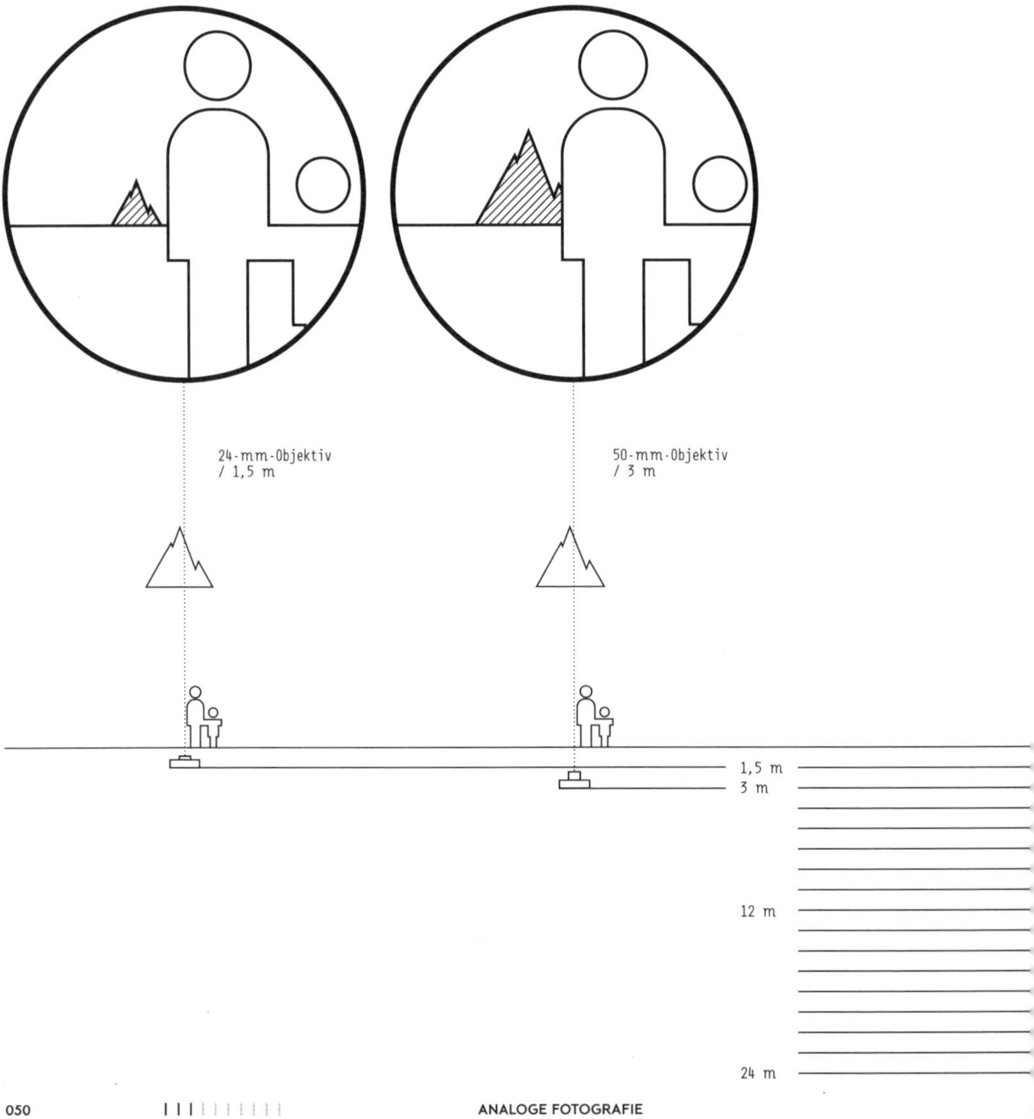

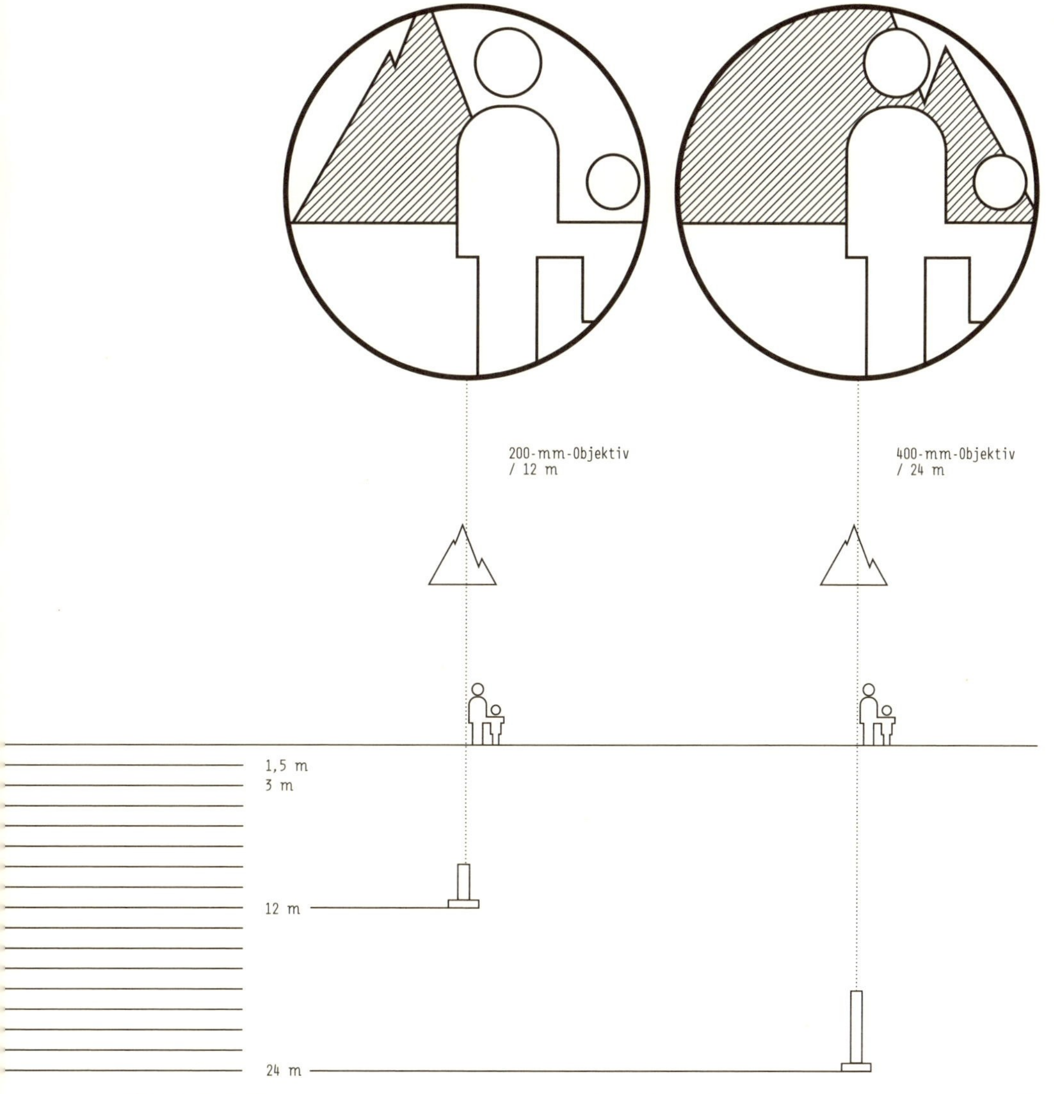
200-mm-Objektiv
/ 12 m
400-mm-Objektiv
/ 24 m
1,5 m
3 m
12 m
24 m

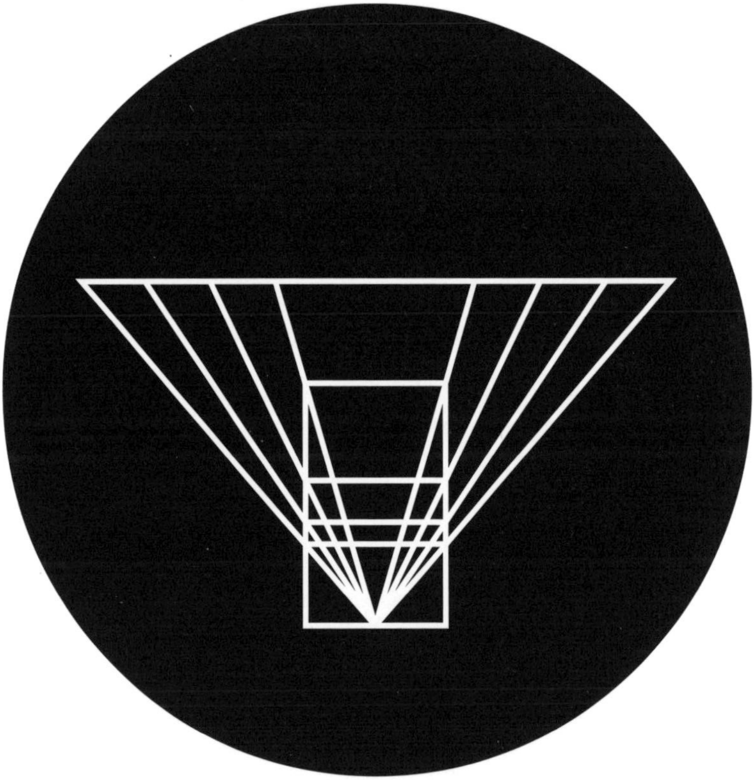

Bildwinkel

Der Bildwinkel wird in Bogengraden gemessen und beschreibt die Bildbreite bzw. den Bereich des Sichtfeldes, der von der Kamera durch das Objektiv „gesehen" wird. Der Bildwinkel variiert je nach Bildformat und Brennweite des Objektivs, wobei kleine Bildformate und kurze Objektive die größten Bildwinkel ermöglichen.
Ein weiter Bildwinkel erfasst einen größeren Ausschnitt einer Szenerie als ein enger, also spitzer Bildwinkel. Motivbereiche, die zum Zeitpunkt der Aufnahme außerhalb des Bildwinkels des Objektivs liegen, werden entsprechend nicht auf dem Foto aufgenommen.

Die folgende Tabelle zeigt die Bildwinkel von Objektiven mit verschiedenen Brennweiten für Voll- und Halbformatkameras (siehe Berechnung des Bildwinkels im Anhang).

35-mm-Film	**Vollformat**	**Halbformat**
Brennweite	Bildwinkel	Bildwinkel
200 mm	12.4°	-
135 mm	18.2°	-
85 mm	28.6°	-
58 mm	40.9°	-
55 mm	43.0°	-
50 mm	46.8°	-
48 mm	48.5°	-
45 mm	51.4°	36.9°
40 mm	56.8°	41.1°
38 mm	59.3°	43.1°
35 mm	63.5°	46.4°
32 mm	68.2°	50.2°
30 mm	71.6°	53.1°
28 mm	75.4°	56.4°

Objektiv mit Festbrennweite

048 Brennweite
055 Zoomobjektiv
043 Apertur / Blende
068 Verschlusszeit
075 Filmempfindlichkeit

Ein Objektiv mit Festbrennweite ist ein Objektiv, dessen Brennweite fest durch seine Bauart vorgegeben ist und sich nicht wie bei einem Zoomobjektiv verändern lässt. Objektive mit Festbrennweite sind in der Regel einfacher und aus weniger beweglichen Teilen aufgebaut, was sie kleiner und leichter macht als Zoomobjektive. Die einfachere Bauart ermöglicht eine größere maximale Apertur (Blendenöffnung) und damit kürzere Verschluss- und Belichtungszeiten als bei Zoomobjektiven. Vor allem aber sind Objektive mit Festbrennweite optimal auf die Verwendung einer bestimmten Brennweite ausgerichtet und liefern somit eine bessere Bildqualität bei weniger Aberrationen (Störungen der einfallenden Lichtstrahlung, die zu Fehlern in der Aufnahme führen).

Objektiv mit kurzen Verschlusszeiten
Wie kurz die Verschlusszeit eines Objektivs maximal eingestellt werden kann, hängt mit der Offenblende, also der größtmöglichen Blendenöffnung zusammen. Je größer die Offenblende, desto größer die Blendenöffnung, und je mehr Licht durch das Objektiv auf die Filmebene fallen kann, desto kürzer kann die Verschlusszeit des Objektivs eingestellt werden.

Unter bestimmten Aufnahmebedingungen sind Objektive mit kurzen Verschlusszeiten besser geeignet als Objektive mit langen Verschlusszeiten. Sie eignen sich zum Beispiel hervorragend bei Nachtaufnahmen und schlechten Lichtverhältnissen, da sie eine größere Lichtmenge zur Belichtung des Films erfassen, sodass unter Umständen keine Hilfsmittel wie Stative nötig sind.

Objektive mit kurzen Verschlusszeiten hatten ihre Blütezeit bis Ende der 1960er-Jahre, als die Filmempfindlichkeit von Farbfilmen noch relativ niedrig war.

054 Objektiv mit Festbrennweite
048 Brennweite
053 Bildwinkel
107 Bewegungsunschärfe

Zoomobjektiv

Im Gegensatz zu einem Objektiv mit Festbrennweite besteht ein Zoomobjektiv aus einer Anordnung von beweglichen Linsenelementen, deren Zusammenspiel eine Veränderung der Brennweite (und damit des Bildwinkels) des Objektivs ermöglicht. Die Veränderung der Brennweite verändert die abgebildete Größe des Motivs und den erfassten Bildausschnitt, ohne dass die Entfernung zwischen Kamera und Motiv verändert werden muss. Ein Zoomobjektiv kann anstelle mehrerer Objektive mit Festbrennweite verwendet werden, was den Zeit- und Energieaufwand des Wechsels und Transports mehrerer Objektive erspart.

Dieser Komfort der variablen Brennweite bei Zoomobjektiven hat jedoch seinen Preis. Sie sind in der Regel größer und schwerer als Objektive mit Festbrennweite und erfordern längere Verschlusszeiten. Außerdem bieten sie unabhängig von der gewählten Brennweite nicht dieselbe Schärfe wie Objektive mit Festbrennweiten und erzeugen leichter Aberrationen und Verzerrungen im Bild.

Beim Zoomen von kürzeren auf längere Brennweiten muss die Verschlusszeit im reziproken Verhältnis zur neuen Brennweite verkürzt werden, damit der Film schnell (also kurz) genug belichtet wird, um Bewegungsunschärfen durch Kamerawackler oder Erschütterungen zu vermeiden.

Antireflexbeschichtung / Vergütung

Eine Antireflexbeschichtung auf einer Linse reduziert Reflexionen an der Linsenoberfläche und erhöht so die Transmission (Lichtdurchlässigkeit). Diese Vergütung trägt auch dazu bei, unberechenbare Lichtreflexionen im Inneren des Objektivs zu vermeiden, die zu Blendenflecken (Flare) und Geisterbildern (Ghosting) führen können, und erhöht somit auch Brillanz und Kontrast des Bildes.

Grundlegend können alle innenliegenden Linsenelemente im Objektiv beschichtet sein. Die Beschichtung des vorderen Linsenelements (der Frontlinse) spielt allerdings die größte Rolle für die Leistung des Objektivs.

Antireflexbeschichtungen wurden zunächst einlagig (Einfachbeschichtung) und später mehrlagig (Mehrfachbeschichtung) aufgetragen. Die bernsteinfarbene Beschichtung vieler Linsen aus den 1950er- und 1960er- Jahren verbessert die Lichtdurchlässigkeit und ermöglicht eine gewisse Farbkorrektur, sodass das einfallende Licht den Film so naturgetreu wie möglich belichtet. Das eignet sich besonders für eine möglichst akkurate und natürliche Farbfotografie, führt aber auch bei Schwarzweißaufnahmen zu einem reicheren Kontrast.

Mehrfachbeschichtungen wurden in den 1970er Jahren gebräuchlich und erwiesen sich sogar als leistungsfähiger als Einzelbeschichtungen, weil sie noch mehr Wellenlängen des reflektierten Lichts eliminierten. Einfach ausgedrückt kann man sagen, dass mehrere Vergütungsschichten mehr Reflexionen der Linsenoberfläche reduzieren oder auslöschen, was wiederum die Lichtdurchlässigkeit und die Qualität der Aufnahmen eines Objektivs verbessert.

Grundlegend kann man an den Farben der Reflexionen im vorderen Linsenelement eines Objektivs erkennen, mit welcher Art von Vergütung sie beschichtet ist. Ohne Antireflexbeschichtung sind die Reflexionen am Glas hell und weiß. Bei einer Einzelbeschichtung können die Reflexionen blau und bernsteinfarben sein. Bei Mehrfachbeschichtungen leuchten die Reflexionen in verschiedenen Farben, besonders in grün und lila.

069 Bulb & Time
179 Pflege

Eigenschaften und Defekte von Objektiv und Linse

Eine kurze Überprüfung des Glases der Frontlinse eines Objektivs genügt, um sich einen Eindruck von seinem Zustand und der zu erwartenden Qualität der Aufnahmen zu verschaffen. Wenn Sie bei entferntem Objektivdeckel und weit geöffneter Blende helles Licht in das Innere des Objektivs richten, werden Sie die eine oder andere Verschleißerscheinung bemerken, die die Qualität der Bilder beeinträchtigen kann (aber nicht zwingend muss). Um sich bei einer Festobjektivkamera einen vergleichbaren Eindruck zu verschaffen, müssen Sie die Kamerarückwand entriegeln und den Verschluss geöffnet halten, indem Sie die Einstellung T oder B als Verschlusszeit wählen.

Hochwertiges optisches Glas kann winzige Lufteinschlüsse aus der Herstellungsphase enthalten. Diese kleinen **Blasen** beeinträchtigen die Qualität des Objektivs nicht und haben keinen negativen Einfluss auf die Bilder.

Bei älteren Objektiven können sich **Kratzer** an der Frontlinse finden, die durch unsachgemäße Handhabung oder Reinigung entstehen. Die typischen, klar definierten Kratzer haben nur selten Einfluss auf die Qualität der Aufnahmen. Wenn die Abnutzung am Objektiv jedoch so stark ist, dass das Glas stumpf erscheint, können auch die Fotos stumpf oder neblig werden.

Die Linsenelemente im Inneren alter Objektive können **Trübungen** oder nebelartige Schlieren aufweisen, die eine gleichmäßige und ölige Struktur haben. Solche Trübungen werden durch Schmiermittel verursacht, die im Laufe der Zeit verdunsten und sich am Glas absetzen. Solche Verunreinigungen erzeugen unscharfe und diffuse Bilder mit wenig Kontrast, vor allem bei Aufnahmen mit hellen Lichtverhältnissen oder Gegenlicht.

Die Frontlinse eines Objektivs wird immer wieder Staubpartikel anziehen, die sich dort sammeln. Staub hat aber keinen Einfluss auf die Aufnahmen und kann grundlegend leicht entfernt werden.

Möglicherweise sammelt sich auch im Inneren des Objektivs Staub an. Wenn es sich aber nicht gerade um derart viel Staub handelt, dass Sie nicht mehr durch das Objektiv hindurchsehen können, sollte dies die Qualität der Bilder nicht beeinträchtigen.

Obwohl Staub alleine im Inneren der Linse noch kein Problem darstellt, kann er in Verbindung mit Feuchtigkeit (z.B. durch Regen oder hohe Luftfeuchtigkeit) zur Entstehung von Glaspilz (Fungus) führen.

Glaspilz oder **Fungus** ist ein organisches, mikrobielles Geflecht, das sich als weiße Punkte oder Flecken manifestiert, die bei näherer Betrachtung an feine Fäden, Fusseln oder Härchen erinnern. Er wächst mit der Zeit weiter, bis sich seine Sporen dauerhaft in die Beschichtung des Glases ätzen. Das verursacht irreversible Schäden, die sukzessive zur Erblindung und Unbrauchbarkeit der Linse führen. Glaspilz trübt den Lichteinfall, beeinträchtigt die Objektivleistung beträchtlich und erzeugt kontrastarme Bilder mit Farbverschiebungen und weichen Konturen.

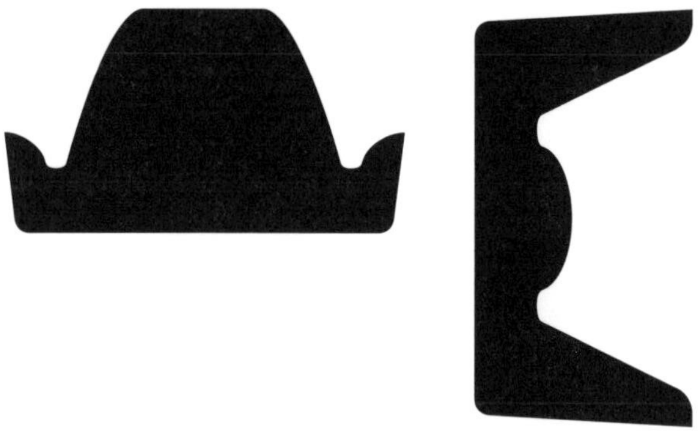

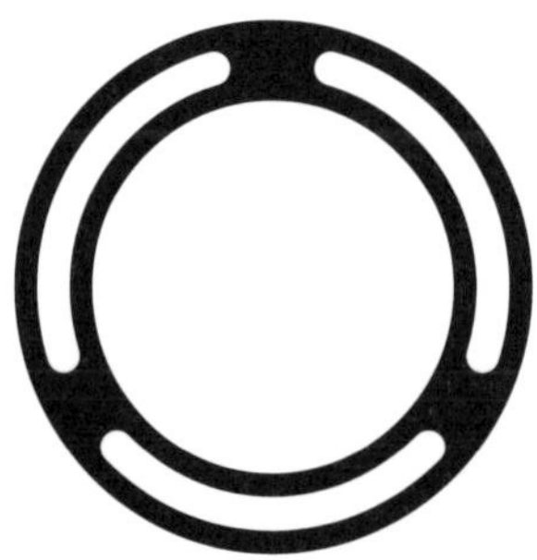

oben: die Blütenblätter einer tulpenförmigen Streulichtblende von oben und von der Seite gesehen; unten: die Lüftungsschlitze einer belüfteten Streulichtblende von hinten

053 Bildwinkel
113 Vignettierung
055 Zoomobjektiv
048 Brennweite
166 Filteradapter
162 Filter

Streulichtblenden

Streulichtblenden (auch Gegenlichtblenden oder Objektivhauben) werden verwendet, um die seitliche Einstrahlung von Licht auf die Frontlinse zu vermeiden. Unerwünschte Lichtwinkel können den Gesamtkontrast eines Fotos beeinträchtigen und Linsenreflexionen und Lichtsäume (Blendenflecken) verursachen. Eine Streulichtblende ist ein Tubus oder Konus, der entweder durch einen Bajonettanschluss oder das Einschrauben in das Objektivgewinde (der Durchmesser wird mit ø und einer Angabe in mm gekennzeichnet) an der Vorderseite des Objektivs befestigt wird. Streulichtblenden sind aus Metall, Kunststoff oder faltbarem Gummi geformt, an der Oberfläche schwarz und entspiegelt, und in verschiedenen Formen erhältlich: unter anderem rund, rechteckig und tulpenförmig (oder blütenblattförmig).

Runde Streulichtblenden sind simple zylindrische Materialstücke, die über die Vorderseite des Objektivs hinausragen.

Rechteckige Streulichtblenden sind in der Regel effizienter als runde. Ihre Form ist dem Format des aufzunehmenden Bildes nachempfunden, sodass sie länger als zylindrische Streulichtblenden sein können, ohne den Bildwinkel des Objektivs zu blockieren, was zu Vignettierungen führen würde. Die Vignettierung durch eine Streulichtblende wird als mechanische Vignettierung bezeichnet. Sie kennzeichnet sich in der Regel durch eine abrupte Abschattung (einen scharfen Übergang von hellen zu dunklen Bereichen in Bildecken).

Tulpenförmige Streulichtblenden sind komplexer aufgebaut: Sie bestehen aus einem Konus mit vier Aussparungen an den Ecken, um die Verdeckung und Vignettierung zu vermeiden, und bieten den besten Schattierungseffekt für Zoomobjektive, deren Bildwinkel je nach verwendeter Brennweite variiert: Ihre längere Bauart schützt auch bei langen Brennweiten so gut wie möglich vor Streulicht, während die Aussparungen gleichzeitig verhindern, dass die Streulichtblende bei kurzen (Weitwinkel-) Brennweiten in den Bildwinkel hineinragt. So können Vignettierungseffekte verhindert werden.

Der Bildwinkel des Objektivs ist ein wichtiger Faktor bei der Wahl der idealen Streulichtblende. Bei der Verwendung einer für Teleobjektive konzipierten Streulichtblende an einem Weitwinkelobjektiv würde diese in Teile des Bildwinkels hineinragen, insbesondere an den Ecken. Bei Verwendung einer für ein Weitwinkelobjektiv konzipierten Streulichtblende an einem Teleobjektiv hätte diese so gut wie keine Wirkung: Das Streulicht würde weiter ungehindert von den Seiten auf die Frontlinse treffen. Sie sollten sich daher individuell für die Art von Streulichtblende entscheiden, die je nach Brennweite ihres Objektivs am besten vor unerwünschtem Streulicht schützt.

Bei der Verwendung eines Entfernungsmessers sollten Sie die Länge und Größe der Streulichtblende berücksichtigen – nicht nur, um Verdeckungen an den Bildecken zu vermeiden, sondern insbesondere, um eine Verdeckung in der unteren rechten Ecke des Suchers zu vermeiden. **Belüftete Streulichtblenden** haben Aussparungen rund um das Objektiv herum und verjüngen sich nach innen, damit der Korpus der Blende so wenig wie möglich in den Sucher hineinragt. Nachfolgend finden Sie eine kurze Anleitung zur Verwendung der einzelnen Blendentypen:

Kurze Streulichtblende Weitwinkel- bis Normalobjektive
Lange Streulichtblende Teleobjektiv
Tulpenförmige Streulichtblende Weitwinkel- bis Telezoomobjektiv
Belüftete Streulichtblende Messsucherkamera

Wenn Sie eine Streulichtblende mithilfe eines Filteradapters einschrauben, denken Sie daran, dass dieser die Länge der Streulichtblende leicht verlängert, sodass sie möglicherweise in den Bildausschnitt hineinragt. Streulichtblenden können auch verwendet werden, um die Frontlinse vor unbeabsichtigten Stößen zu schützen.

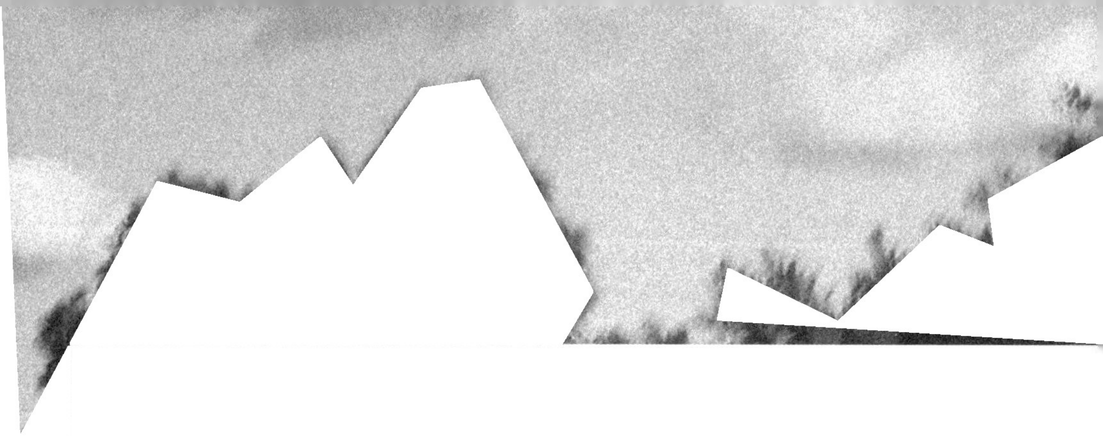

060–099

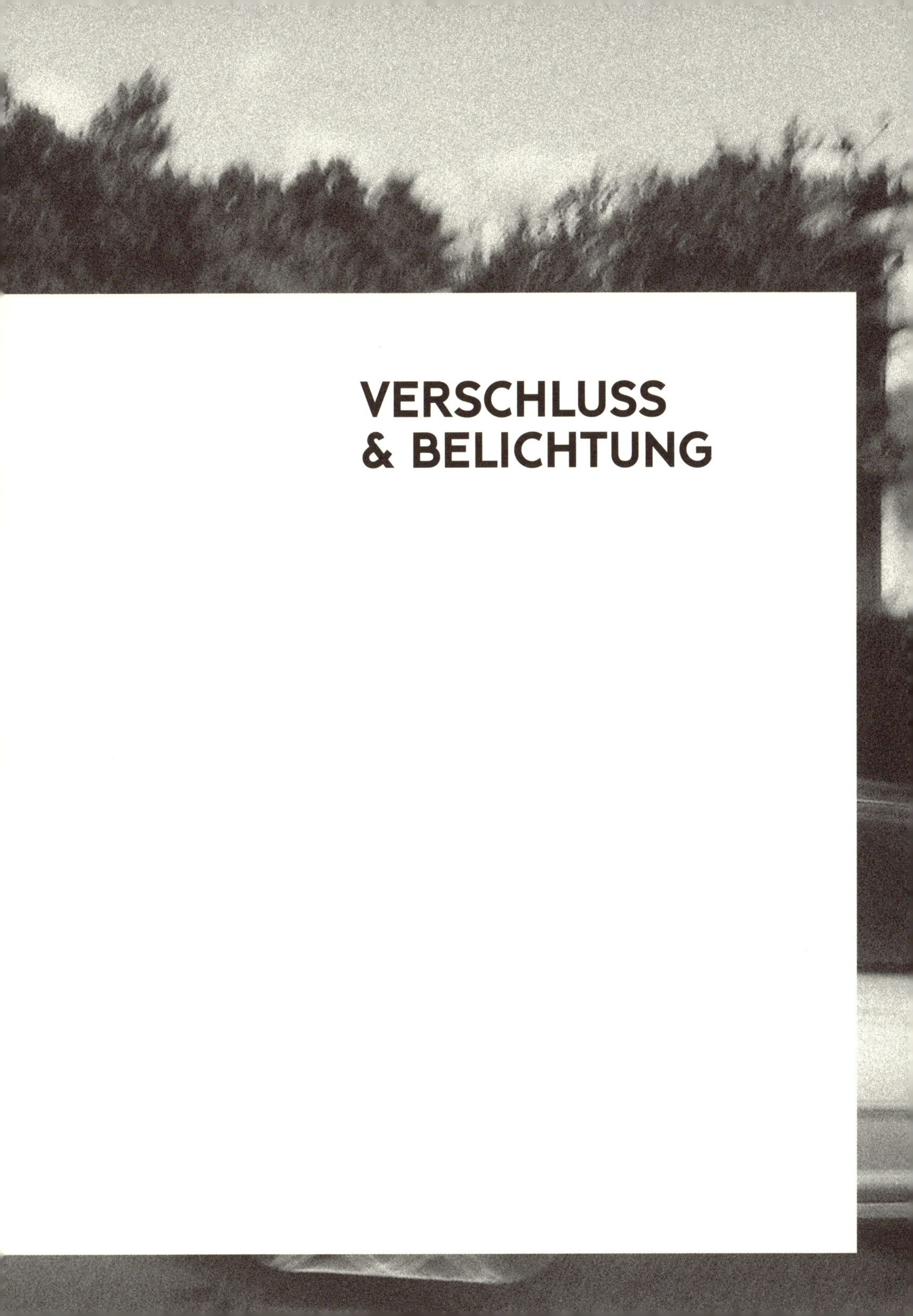

VERSCHLUSS & BELICHTUNG

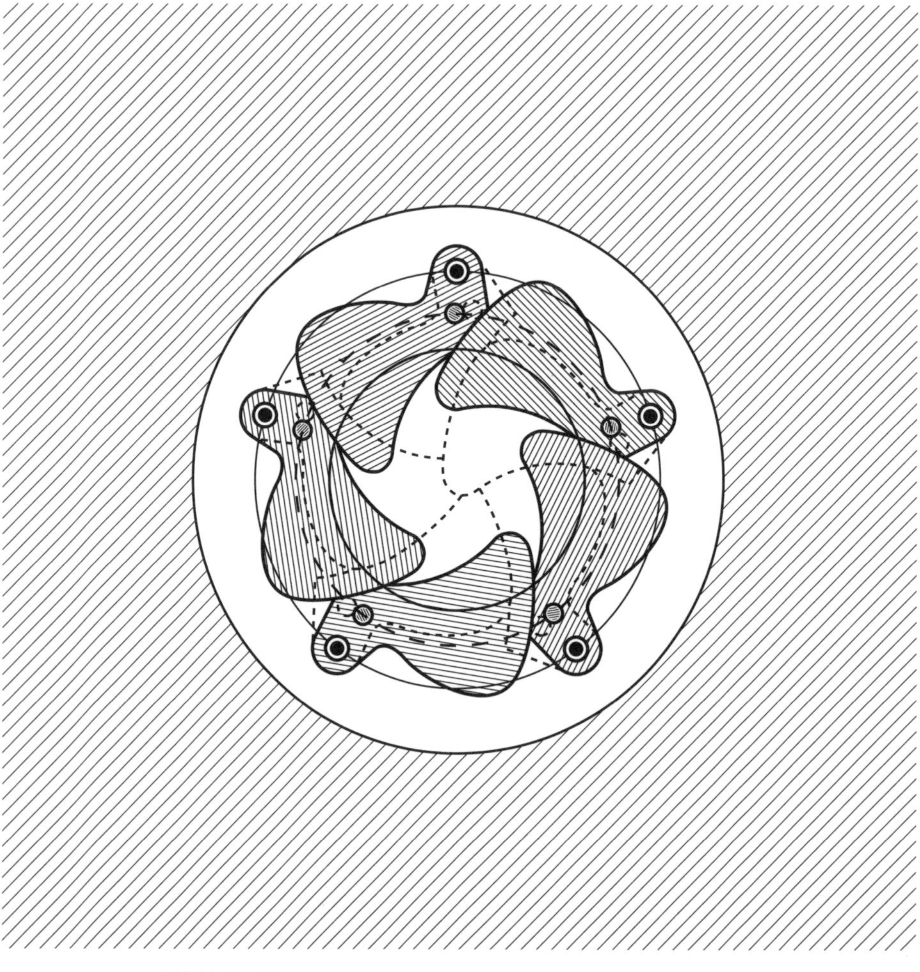

119 Messsucher- & SR-Kameras
068 Verschlusszeit
039 Linsenelemente & -gruppen
067 Schlitzverschluss
096 Blitzsynchronisation

Zentralverschluss

Die meisten Messsucherkameras mit Festobjektiv verwenden einen sogenannten Zentralverschluss. Ein Zentralverschluss besteht aus feinen und einander rund um die optische Achse herum überlappenden Lamellen, die nach Betätigen des Auslösers vollständig zurückschnellen und sich wieder schließen, um den Film für einen bestimmte Zeitspanne zu belichten.

Der Verschluss einer Kamera wird durch ein Uhrwerk gesteuert: Er besteht aus einer komplexen Anordnung feiner Zahnräder und wird von einer starken Feder angetrieben, die je nach Einstellung der Verschlusszeit unterschiedlich stark gespannt wird. Er befindet sich entweder in der Kamera oder hinter der Blende innerhalb des Objektivs, zwischen der vorderen und hinteren Linsengruppe. Zentralverschlüsse erreichen weniger kurze Verschlusszeiten als Schlitzverschlüsse, sind aber leiser, kompakter und können bei jeder Verschlusszeit mit dem Blitz synchronisiert werden, da der gesamte Bildausschnitt gleichzeitig belichtet wird.

Die Herstellung dieser Verschlüsse ist hochspezialisiert und wird nicht von den Kameraherstellern selbst übernommen. Zu den renommierten Herstellern von Zentralverschlüssen gehören Prontor, Compur, Citizen, Copal und Seiko. Der Name des Herstellers ist in der Regel auf dem Objektivtubus vermerkt.

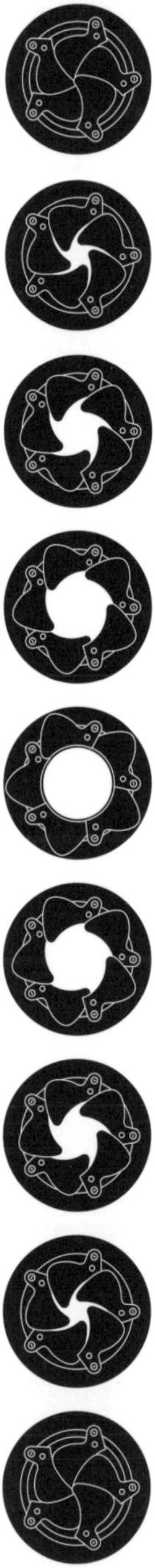

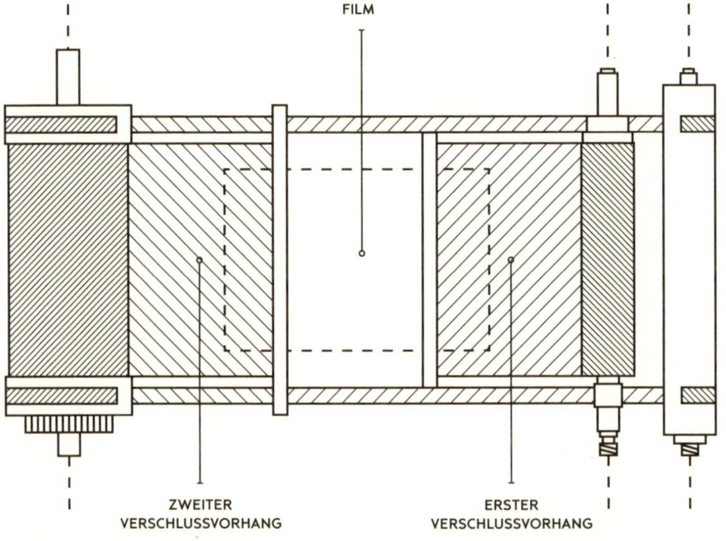
FILM
ZWEITER VERSCHLUSSVORHANG
ERSTER VERSCHLUSSVORHANG

047 Filmebene
077 Belichtung
119 Messsucher- & SR-Kameras
063 Zentralverschluss
068 Verschlusszeit
096 Blitzsynchronisation

Schlitzverschluss

Ein Schlitzverschluss besteht aus einem Paar lichtundurchlässiger Jalousien oder Verschlussvorhängen, die in der Regel aus Stoff, Metall oder Kunststoff bestehen (wobei Stoff am wenigsten haltbar ist). Sie funktionieren nach dem folgenden Prinzip: Nach Betätigen des Auslösers öffnet sich der erste Verschlussvorhang über der Bildebene des Films (Filmebene), um dessen Belichtung zu beginnen. Je nach voreingestellter Verschlusszeit folgt der zweite Vorhang nach einer gewissen Verzögerung der Bewegung des ersten Vorhangs, um die Öffnung zu schließen und die Belichtung zu beenden. Beide Vorhänge gleiten also jeweils in die gleiche Richtung, entweder horizontal oder vertikal. Durch das Spannen des Verschlusses rücken beide Vorhänge wieder in ihre Ausgangsposition zurück.

Bei Wechselobjektivkameras (Messsucher- und Spiegelreflexkameras) befindet sich der Schlitzverschluss unmittelbar vor der Brennebene (dem Film oder Bildsensor) im Kameragehäuse. Da der Verschluss die Brennebene so zuverlässig vor einfallendem Licht schützt, kann das Objektiv während der Verwendung ein- und derselben Filmrolle abmontiert und ausgetauscht werden.

Schlitzverschlüsse sind deutlich lauter als Zentralverschlüsse, können aber wesentlich kürzere Verschlusszeiten erreichen. Derart kurze Verschlusszeiten sind möglich, indem sich der zweite Vorhang zu schließen beginnt, bevor sich der erste Vorhang vollständig geöffnet hat. Durch den geringen Abstand zwischen den beiden Filmen entsteht eine Schlitzöffnung, die sich in der Bewegungsrichtung der Vorhänge über den Film hinweg bewegt. Je kürzer die Verschluss- und Belichtungszeit, desto schmaler der Schlitz. Bei derart kurzen Verschlusszeiten (in der Regel kürzer als 1/125 Sekunde) kann der Verschluss jedoch nicht mit dem Blitz synchronisiert werden, da der bewegliche Schlitz nicht die gesamte Filmebene für das Blitzlicht freigibt, sodass nur ein Teil des Bildes korrekt belichtet wird (Clipping).

Verschlusszeit

Die Verschlusszeit gibt an, wie lange der Verschluss während der Aufnahme eines Films geöffnet (und ergo belichtet) wird. Sie wird in Sekundenbruchteilen gemessen (man kann sich also vor jede Zahl eine 1/ denken): Je größer die Zahl, desto kürzer die Verschlusszeit und damit die Belichtungszeit. Wie bei den Blendenstufen werden die Verschlusszeiten als Kehrwerte oder Stufen auf einer Skala eingestellt. Die typischen, standardisierten Verschlusszeiten lauten:

1 2 4 8 15 30 60 125 250 500

Jeder Schritt (jede Stufe) nach rechts in dieser Reihenfolge (Skala) steht für eine Halbierung der Verschlusszeit. Jeder Schritt nach links auf der Skala steht für eine Verdoppelung der Zeit, die der Verschluss geöffnet wird.

Die Verschlusszeiten waren bis Ende der 1950er-Jahre noch nicht durchgängig standardisiert, sodass ältere Kameras eine geringfügig andere Skalierung haben können, z.B. 10, 25, 50, 100, 200.

Kurze Verschlusszeiten fangen Objekte, die sich zum Zeitpunkt der Aufnahme bewegen, in scharfen Konturen ein. Lange Verschlusszeiten geben Bewegung wieder. Wenn Sie Bewegungsunschärfen vermeiden und scharfe Fotos aufnehmen wollen, sollten Sie bei einer normalen Kamera und einer ruhigen Kameraführung als kürzeste Verschlusszeit einen Kehrwert wählen, der so nahe wie möglich über der Brennweite Ihres Objektivs liegt: Ein 28-mm-Objektiv beispielsweise ermöglicht bei einer Verschlusszeit von 1/30 scharfe und unverwackelte Fotos. Liegt Ihr Kehrwert für die Verschlusszeit höher über der Brennweite Ihres Objektivs, sollten Sie ein Stativ verwenden, um ein scharfes Bild zu erhalten.

Generell kann man sagen, dass bei Verschlusszeiten über 1/60 keine scharfen Aufnahmen ohne Stativ gelingen. Bei Messsucherkameras hingegen können Sie Einstellungen unter 1/30 oder sogar 1/15 wählen, obwohl dies deutlich unter dem Wert von Normalobjektiven liegt.

076 Stufen
090 Verdopplung & Halbierung
107 Bewegungsunschärfe / scheinbare Motivbewegung
048 Brennweite
119 Messsucher- & SR-Kameras
077 Belichtung

Bulb (B)
Wenn der Verschlusszeitenring oder das Verschlusszeiten-Einstellrad auf B eingestellt ist, wird der Verschluss manuell betätigt und solange geöffnet, wie Sie den Auslöser drücken. Dies wird vor allem für Langzeitbelichtungen verwendet, die weit über die längste Verschlusszeit hinausgehen.

Bei sehr langen Belichtungszeiten, die beispielsweise nachts erforderlich sind, sollte ein Stativ verwendet werden, um die Kameraposition gleichmäßig zu halten. Am besten verwenden Sie zum Öffnen und Schließen des Verschlusses sogar einen Kabelauslöser, damit sich die Kamera während der Belichtung des Films wirklich nicht bewegt (was das Bild verwackeln würde).

Der englische Term „Bulb" leitet sich ab vom „Air Bulb Release", einem pneumatisch (also durch Druckluft) betätigten Auslöser, an dessen Ende sich ein kleiner Gummikolben befindet. Das Zusammenpressen des Kolbens führt zur Öffnung des Verschlusses, das Loslassen entsprechend zur Schließung. Das B kann jedoch auch für das deutsche Wort „Beliebig" stehen. In manchen Fällen wird diese Einstellung auch mit einem Z für das deutsche Wort „Zeit" gekennzeichnet.

Time (T)
Wie die Einstellung B wird auch T für Langzeitbelichtungen verwendet. Wenn Sie den Auslöser jedoch bei dieser Einstellung betätigen, bleibt der Verschluss auch dann weiter geöffnet, wenn Sie den Auslöser loslassen. Die Belichtung wird in diesem Fall erst durch erneutes Drücken des Auslösers beendet, oder durch Weiterdrehen des Einstellrads weg von der Einstellung T (entweder auf dem Einstellrad für lange Verschlusszeiten oder einem anderen, spezifischen Einstellrad für Verschlusszeiten).

Einstellräder für kurze und lange Belichtungszeiten

068 Verschlusszeit
069 Bulb & Time

Die Kameragehäuse älterer Messsucherkameras mit Wechselobjektiv können über zwei verschiedene Einstellräder für Verschlusszeiten verfügen: eines, das sich meist an der Oberseite des Gehäuses befindet und kürzere Verschlusszeiten einstellt (1000 bis 30, B), und ein kleineres an der Vorderseite des Gehäuses für längere Verschlusszeiten (30 bis 1 Sekunde, T). Wenn die Kamera vor der Standardisierung der Verschlusszeiten hergestellt wurde, kann anstelle der Zahl 30 eine 25 vermerkt sein.

Bei diesen Kameras kann das Einstellrad für kurze Verschlusszeiten erst dann verwendet werden, wenn der Film für die nächste Belichtung vorgespult wurde und der Verschluss für die nächste Aufnahme gespannt ist. Um die Einstellung an diesem Rad zu ändern, müssen Sie es anheben und drehen, bis sich die gewünschte Verschlusszeit gegenüber der Indexmarkierung befindet; sobald Sie das Rad loslassen, rastet es in der gewählten Einstellung ein. (Stellen Sie bei der Verwendung kurzer Verschlusszeiten sicher, dass das Einstellrad für lange Verschlusszeiten auf die kürzeste der langen Verschlusszeiten eingestellt ist. Dieser Wert liegt, wie zuvor gesehen, in der Regel bei 1/30 Sekunden). Nach Betätigen des Verschlusses dreht sich das Einstellrad in eine neutrale Position zurück (nehmen Sie also Ihre Finger aus dem Weg). Sobald Sie den Film erneut vorspulen, dreht sich das Einstellrad zu der zuvor gewählten Verschlusszeit zurück. Sie müssen die Einstellung also nur dann erneut verändern, wenn Sie eine andere Verschlusszeit wählen möchten.

Um das Einstellrad für lange Verschlusszeiten verwenden zu können, muss das Einstellrad für kurze Verschlusszeiten entsprechend auf den längsten der verfügbaren Verschlusszeitenwerte gedreht werden. In der Regel ist dieser rot markiert und gleich dem kürzesten Wert auf dem Einstellrad für lange Verschlusszeiten, also beispielsweise 30. Ein kleiner, federgespannter Sicherheitsriegel oben am Einstellrad auf der Vorderseite des Kameragehäuses hält das Einstellrad beim Wert 30 und muss zurückgeschoben werden, um das Rad entriegeln und die langen Verschlusszeiten ändern zu können.

096 Blitzsynchronisation (M und X)
063 Zentralverschluss

Selbstauslöser

Ein Selbstauslöser ist ein eingebauter Mechanismus, der den Verschluss erst nach einer variabel einstellbaren Verzögerung auslöst. Die Verzögerung beträgt in der Regel bis zu zehn Sekunden.

Der gängigste Verwendungszweck von Selbstauslösern ist die Aufnahme eines Gruppenfotos oder Selbstportraits, bei dem der Fotografierende Zeit benötigt, um nach Betätigen des entsprechenden Auslösers wieder selbst vor die Kamera zu treten. Der Selbstauslöser kann bei Langzeitbelichtungen auch anstelle eines Kabelauslösers verwendet werden (wobei die Kamera auf einer festen Oberfläche platziert oder einem Stativ befestigt wird), um unbeabsichtigte Kamerabewegungen bei manueller Betätigung des Auslösers zu vermeiden.

Wenn Ihre Kamera über einen Blitzeinstellhebel verfügt, bei dem Sie zwischen den Einstellungen M und X wählen können, müssen Sie diesen auf X einstellen, damit der Mechanismus des Selbstauslösers aufgezogen werden kann. Die Glaskolben, die für die Auslösung des Blitzlichts bei der Einstellung M zum Einsatz kommen, können nicht im Zusammenspiel mit dem Selbstauslöser verwendet werden. Entsprechend kann der Selbstauslöser nicht verwendet werden, wenn der Einstellhebel auf M gesetzt ist. Bei manchen Kameras mit Zentralverschluss ist der Hebel für den Selbstauslöser mit einem V für „Vorlaufwerk" beschriftet. Bei diesen Kameras muss der Verschluss gespannt sein, bevor der Selbstauslöser für die Aufnahme eingestellt werden kann.

Bei älteren Kameras kommt es häufig vor, dass die winzigen Federn und Zahnräder im Uhrwerk des Selbstauslösers verstauben und verschmutzen, so dass sie beim Betrieb blockieren. Wenn der Selbstauslöser verklemmt, bevor der Verschluss ausgelöst werden kann, kann der Verschluss nicht mehr geöffnet und die Kamera bis zur Reparatur nicht mehr verwendet werden. Dies kommt tatsächlich häufig vor. Daher ist es ratsam, den Selbstauslöser älterer oder lange ungenutzter Kameras nicht zu verwenden, bis sie entsprechend gewartet werden.

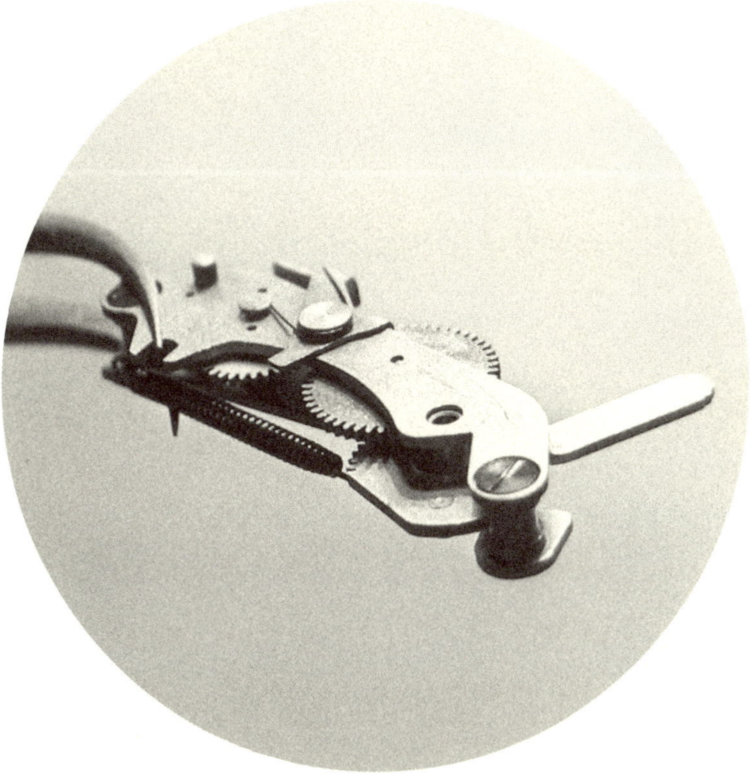

Vergrößerte Ansicht des
Selbstauslösers eines
Copal SV-Verschlusses

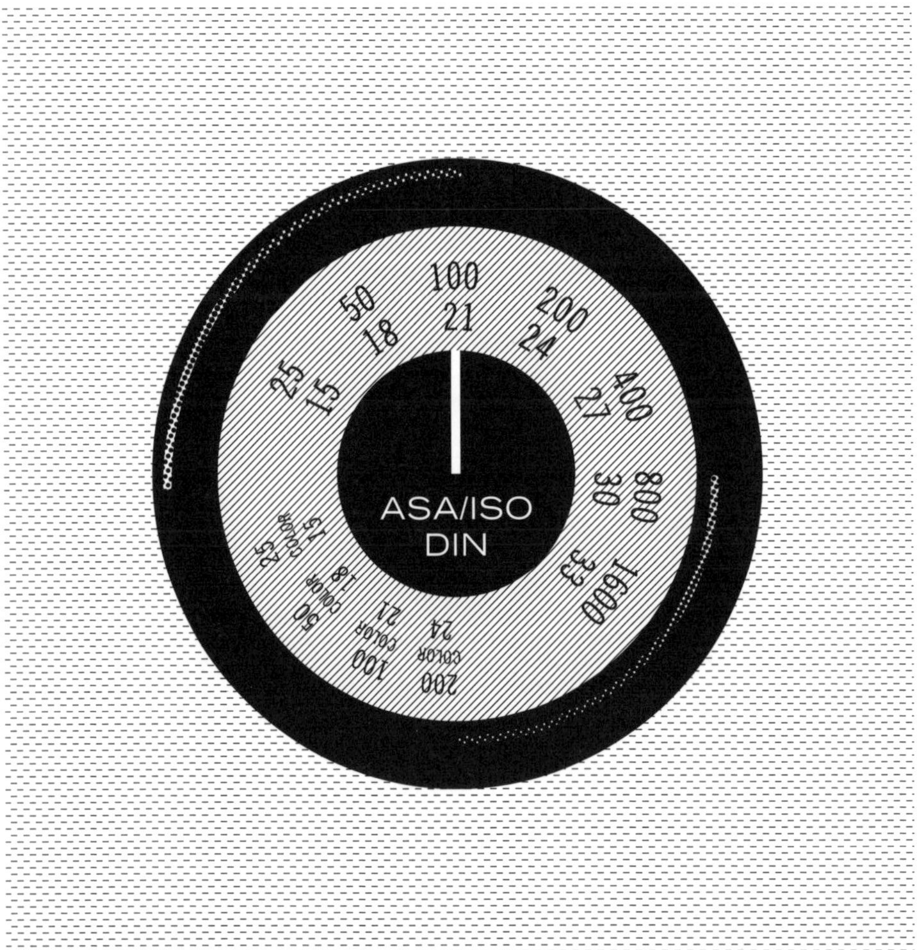
ASA/ISO
DIN
25
15
50
18
100
21
200
24
400
27
800
30
1600
33
COLOR
25
15
50
18
100
21
200
24

076 Stufen
090 Verdopplung & Halbierung
182 Halbierung der Belichtung ½
184 Verdopplung der Belichtung x2

Filmempfindlichkeit (ASA/ISO)

Die Filmempfindlichkeit bezieht sich auf die Lichtempfindlichkeit des Films. Im Allgemeinen sind Filme mit einer höheren Empfindlichkeit (höhere Kennzahl, kürzere Belichtungszeiten) grobkörniger und weniger geeignet, Feinheiten zu registrieren oder Vergrößerungen wiederzugeben als Filme mit geringerer Lichtempfindlichkeit (kleinere Kennzahl, lange Belichtungszeiten). Eine geringe Filmempfindlichkeit liefert mehr Details und Schärfe in den Aufnahmen, erfordert aber eine längere Belichtung als höhere Filmempfindlichkeiten. Die Filmempfindlichkeit wird durch eine Reihe numerischer Maßzahlen ausgedrückt, die auf den Normen der American Standards Association (ASA) und der International Standards Organization (ISO) basieren. In der Praxis sind die ASA- und ISO-Angaben austauschbar. Eine typische Zahlenreihe für die Filmempfindlichkeit von gering bis hoch lautet:

25 50 100 200 400 800

Bei dieser Skala verhält sich der Abstand zwischen den Stufen proportional zur Veränderung der Filmempfindlichkeit: Jeder Schritt nach rechts steht für eine Verdopplung der Filmempfindlichkeit, jeder Schritt nach links entsprechend für eine Halbierung.

Wenn Sie einen Belichtungsmesser verwenden, muss dieser auf den Wert eingestellt werden, der auf dem Film angegeben ist, um eine korrekte Belichtungsmessung zu erhalten. Ältere Kameras verwenden vornehmlich DIN- und ASA-Angaben, während moderne Kameras meist nur noch mit ISO-Werten arbeiten. Das DIN-System wurde im Januar 1934 vom Deutschen Institut für Normung definiert und veröffentlicht. Er war ursprünglich nur für Schwarzweißnegativfilme gedacht und wurde, wie die ASA-Norm auch, in den 1980er-Jahren durch die ISO-Norm abgelöst.

Stufen

043 Apertur / Blende
068 Verschlusszeit
075 Filmempfindlichkeit
077 Belichtung
090 Verdopplung & Halbierung
182 Halbierung der Belichtung ½
184 Verdopplung der Belichtung x2

Bei jeder Veränderung der Einstellung am Blendenring eines Objektivs klickt beziehungsweise rastet dieser mechanisch in eine Sperre oder Arretierung ein, sodass er präzise beim nächsten Einstellungswert „stoppt". Das gilt auch für die meisten Verschlusszeitenringe und Verschlusszeiten-Einstellräder sowie Filmempfindlichkeits-Einstellräder.

Der Begriff „Stufe" steht also für die einzelnen Sprünge (Veränderungen) zwischen den Einheiten (Werten) von Blende, Verschlusszeit oder Filmempfindlichkeit und ihre Wirkung auf die Belichtung des Films.

Wird eine dieser drei Einstellungen um „1 Stufe nach oben" verändert, verdoppelt sich die Belichtung eines Fotos. Bei jeder Veränderung der Einstellung um „1 Stufe nach unten" wird die Belichtung entsprechend halbiert. „2 Stufen nach oben" bedeutet viermal so viel Licht (zweifache Verdoppelung) und „3 Stufen nach unten" stehen für 1/8 so viel Licht (dreifache Halbierung).

068 Verschlusszeit
043 Apertur / Blende
082 Belichtungswert (EV)
075 Filmempfindlichkeit
162 Filter
080 Mehrfachbelichtungen

Belichtung & Belichtungskorrektur

Die Belichtung bezeichnet die Lichtmenge, die den Film erreicht. Sie wird über die Verschlusszeit und die Blende beeinflusst.

Die Verschlusszeit bestimmt die Dauer der Belichtung (Belichtungszeit), die Blende bestimmt die Lichtmenge, die zur Belichtung des Films in die Kamera einfällt. Es gibt verschiedene Kombinationen von Blendenöffnung und Verschlusszeit, die den gleichen oder einen gleichwertigen Belichtungswert ergeben. Für die richtige Belichtung angesichts einer bestimmten Szenerie muss auch die Filmempfindlichkeit berücksichtigt werden.

Wenn der Film zu viel Licht ausgesetzt wird, entsteht ein helles, blasses Bild mit wenig Lichtdetails: Das Bild wurde überbelichtet. Zu wenig Licht führt zu einem dunkleren Bild mit wenig Schattendetails: Das Bild wurde unterbelichtet.

Kontrastreiche Szenerien, die den Dynamikbereich (Kontrastumfang, heute auch Motivkontrast oder Objektumfang) des Films überschreiten (also das Helligkeitsverhältnis zwischen den hellsten und dunkelsten bildrelevanten Partien eines Bildes, die ein Film darstellen kann), werden unweigerlich strukturlos wiedergegeben: als ausgewaschene, helle Flecken oder matschige, dunkle Bereiche, die nicht von Schwarz zu unterscheiden sind.

Die Belichtungskorrektur ist eine Technik zur Einstellung der empfohlenen Belichtung unter Berücksichtigung von Faktoren, die zu einem helleren oder dunkleren Bild führen können. Die Belichtungskorrektur kann für überwiegend helle oder dunkle Szenen (High-Key/Low-Key), den Einsatz von Filtern oder vorsätzliche Mehrfachbelichtungen erforderlich sein.

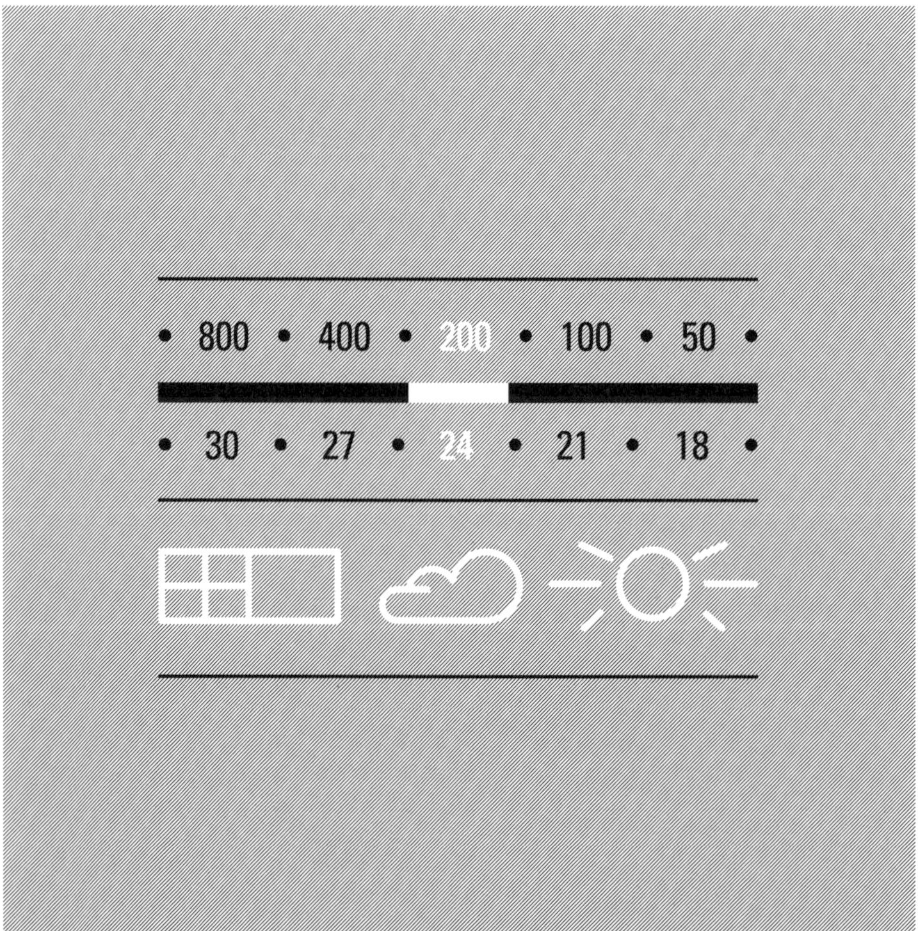
800 400 200 100 50
30 27 24 21 18

077 Belichtung
043 Apertur / Blende
075 Filmempfindlichkeit / ASA / DIN

Vereinfachte Belichtungssymbole

Bei einigen der frühen Automatikkameras befinden sich vereinfachte Belichtungssymbole auf dem Objektivtubus. Diese stehen für Lichtverhältnisse in Innenräumen oder bei bewölktem oder sonnigem Wetter.

Wenn Sie diese nutzen möchten, stellen Sie den Blendenring auf „AUTO", das Filmempfindlichkeits-Einstellrad auf die Filmempfindlichkeit des eingelegten Films und drehen Sie dann den gesamten Verschlusszeitenring so weit, bis das Filmempfindlichkeits-Einstellrad dem Symbol gegenüberliegt, das den gegebenen Lichtverhältnissen entspricht.

In diesem Beispiel beträgt die Filmempfindlichkeit ASA 200/24° DIN. Das Filmempfindlichkeits-Einstellrad und die Verschlusszeit sind auf bewölkte Lichtverhältnisse eingestellt.

Mehrfachbelichtungen

Wenn Sie mit einer Kamera fotografieren, bei der der Filmtransport und die Spannung des Verschlusses nicht gekoppelt sind (sondern durch zwei separate Hebel gesteuert werden), kann es passieren, dass Sie den Film in einem Bild versehentlich mehrfach belichten, weil Sie vergessen, den Film nach einer Aufnahme vorzurücken. Dadurch entstehen einander überlagernde Bilder und unerwartete Effekte.

Die Ergebnisse sind in der Regel unvorhersehbar, selbst wenn Sie ein Bild ganz bewusst mehrfachbelichten. So kann beispielsweise die kumulative Belichtung in überlagernden Bildpartien zu einer Überbelichtung in diesen Bereichen führen. Wenn Sie also bewusst zwei Aufnahmen auf demselben Bild (Filmabschnitt) mit der richtigen Belichtung und gleichen Lichtverhältnissen erfassen wollen, müssen Sie die richtige Belichtung für jede einzelne der beiden Aufnahmen halbieren.

Zwei einfache Beispiele:
Wenn die korrekte Belichtung eine Verschlusszeit von 1/125 erfordert, müsste im Falle einer Doppelbelichtung eine Verschlusszeit von 1/250 für eine Doppelbelichtung gewählt werden (2 Aufnahmen, je 1 Stufe unterbelichtet). Für eine Vierfachbelichtung müssten Sie entsprechend 1/500 wählen (4 Aufnahmen, je 2 Stufen unterbelichtet).

Die korrekte Belichtung bei Blende f8 müsste für eine Doppelbelichtung (2 Aufnahmen, je 1 Stufe unterbelichtet) auf Blende f11 geändert werden, für eine Vierfachbelichtung (4 Aufnahmen, je 2 Stufen unterbelichtet) auf Blende f16.

Diese Angaben setzen voraus, dass Sie jede einzelne Aufnahme unter den gleichen Lichtverhältnissen erstellen und möchten, dass alle Aufnahmen (Belichtungen) im letztlich entstehenden Bild im gleichen Maße sichtbar sind.

077 Belichtung
090 Verdopplung & Halbierung
068 Verschlusszeit
076 Stufen
043 Apertur / Blende
045 Blendenstufe

Im Falle einer beabsichtigten Mehrfachbelichtung mit einer Kamera, bei der der Auslöser beim Vorrücken des Films automatisch gespannt wird, müssen Sie wie folgt vorgehen: Rücken Sie den Film vor (wobei Sie den Auslöser spannen), belichten Sie den Film für die erste Aufnahme und spannen Sie den Film durch Drehen der Filmrückspulkurbel in Pfeilrichtung, bis ein gewisser Widerstand zu spüren ist. Um den Verschluss nun für die nächste Belichtung zu spannen, ohne den Film vorzuschieben, halten Sie den Filmrückspulknopf an der Unterseite der Kamera gedrückt, bevor Sie den Filmtransporthebel betätigen. Dadurch wird der Verschluss aufgezogen, ohne dass der Film vorgerückt wird, sodass Sie dasselbe Bild erneut belichten können.

Dieses Vorgehen kann für beliebig viele Aufnahmen wiederholt werden. Wenn Sie dann die gewünschte Anzahl von Belichtungen (Aufnahmen) auf demselben Filmabschnitt (Bild) vorgenommen haben, rücken Sie den Film vor, verschließen Sie das Objektiv mit dem Objektivdeckel und nehmen Sie ein leeres Bild auf. So verhindern Sie, dass Bereiche der Mehrfachbelichtung in das nächste Bild hineinragen und zu einer unerwünschten Überschneidung führen.

Belichtungswert (EV)

068 Verschlusszeit
043 Apertur / Blende
077 Belichtung
076 Stufen
107 Bewegungsunschärfe
103 Schärfentiefe

Der Belichtungswert (Englisch EV für Exposure Value) ist eine Kurzbezeichnung für die Kombination Verschlusszeit/Blende, verwendet aber statt zwei Werten eine einzige Kennzahl. Der Exposure Value wird im Deutschen oft einfach als Lichtwert bezeichnet. Um eine Verwechslung mit dem Konzept des Light Value (LV, siehe folgende Seite) zu vermeiden, wird hier die Bezeichnung „Belichtungswert" verwendet. Jeder Belichtungswert steht für eine von vielen verschiedenen Kombinationen aus Verschlusszeit und Blende, die dennoch gleichwertig sind und die gleiche Belichtung liefern (man kann sich das englische Kürzel EV auch als Equivalent Value, also äquivalenten Wert vorstellen). Um jeweils die gleiche Belichtung zu erhalten, erfordert eine Veränderung der Verschlusszeit in eine bestimmte Richtung die gleiche Veränderung der Blendenöffnung in die entgegengesetzte Richtung, und umgekehrt. Ein Belichtungswert entspricht einer Stufe bei der Einstellung von Verschlusszeit und Blende.

Beachten Sie dabei, dass verschiedene Einstellungen mit dem gleichen Belichtungswert zwar die gleiche Belichtung ergeben, nicht aber zwingend das gleiche Bild. Die Verschlusszeit beeinflusst die Bewegungsunschärfe, die Blendenöffnung beeinflusst die Schärfentiefe.

Eine Verschlusszeit (ergo Belichtungszeit) von 1 Sekunde bei einer Blende von f/1.0 ergibt den Belichtungswert 0. Alle anderen Belichtungswerte leiten sich von dieser Definition ab. In manchen Benutzerhandbüchern wird eine Tabelle mit Belichtungswerten (EV-Skala) angegeben, um die Einstellungen von Verschlusszeit und Blende zwischen verschiedenen Kameras vergleichen zu können. Eine Kamera mit einer EV-Skala von 2 bis 18 verfügt zum Beispiel über mehr Verschlusszeiten und Blendenstufen als eine Kamera mit einer EV-Skala von 4 bis 17.

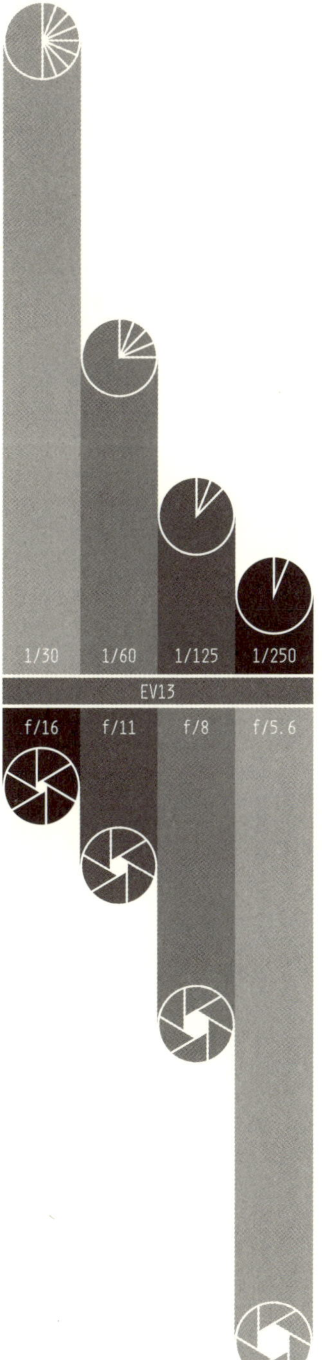
1/30
1/60
1/125
1/250
EV13
f/16
f/11
f/8
f/5.6

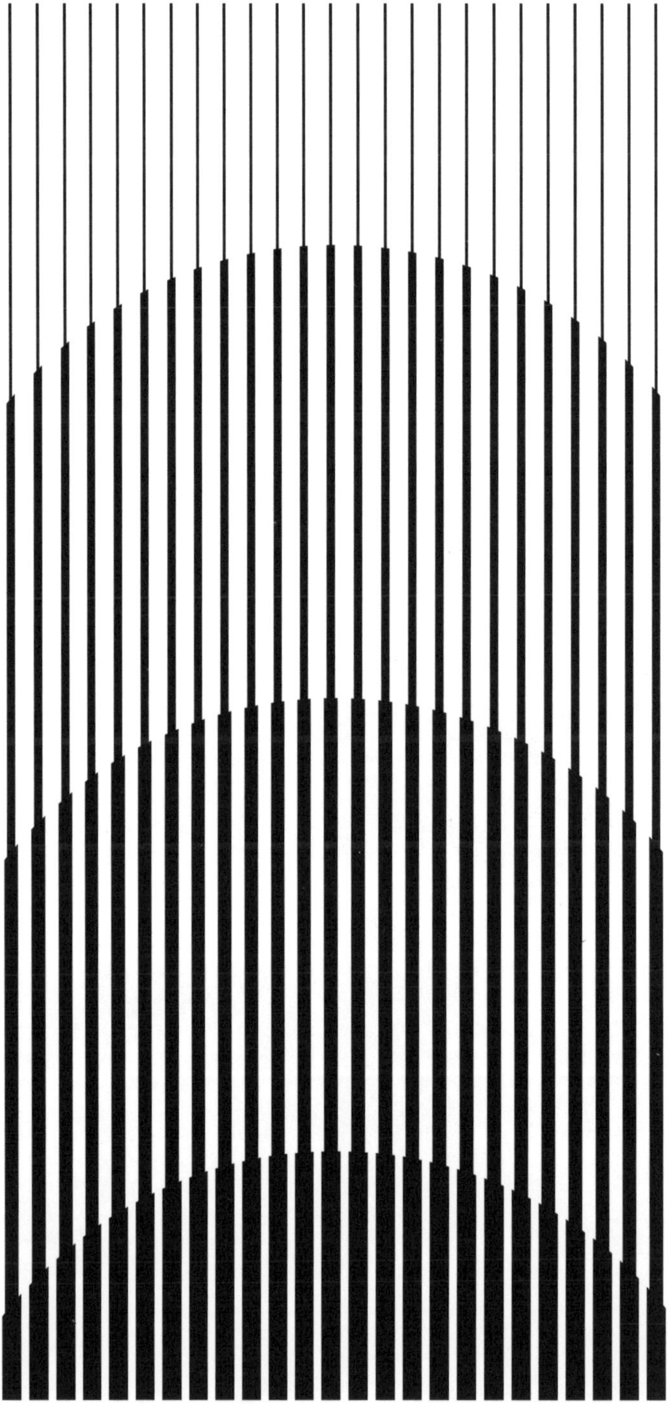

077 Belichtung
068 Verschlusszeit
043 Apertur / Blende
075 Filmempfindlichkeit
088 Sonnig-f/16-Regel
087 Lichtwerttabellen

Lichtwert (LV)

Das englische Konzept des Light Value (LV) entspricht der eigentlichen Definition des Lichtwerts. Der Lichtwert ist eine numerische Skala zur Beurteilung der korrekten Belichtung für die Lichtverhältnisse einer gegebenen Szenerie. Belichtungswert (EV) und Lichtwert (LV) werden oft verwechselt, sind tatsächlich aber sehr unterschiedlich. Der Belichtungswert ist lediglich eine Kurzform für die Kombination von Verschlusszeit und Blende und beschreibt daher nur, welche Lichtmenge bei einer bestimmten Szenerie in die Kamera hineingelassen wird. Dieser Quotient gibt keine Anleitung dazu, welche die korrekte Belichtung bei bestimmten Lichtverhältnissen wäre, da er nicht die Filmempfindlichkeit des verwendeten Films berücksichtigt. Der Lichtwert hingegen berücksichtigt alle drei für Belichtung wesentlichen Parameter: Filmempfindlichkeit, Verschlusszeit und Blendenöffnung.

Bei einer Filmempfindlichkeit von ISO 100 gilt für beide Definitionen dieselbe Tabelle. Da aber beim Belichtungswert (EV) die Filmempfindlichkeit nicht berücksichtigt wird, ändert sich bei einer abweichenden Filmempfindlichkeit die Belichtungszeit, und entsprechend auch der Belichtungswert. Bei einer Filmempfindlichkeit von ISO 100 ist der Belichtungswert gemäß der ersten Definition bei vollem Tageslicht 15. Bei ISO 400 liegt er schon bei 17. Das bedeutet, dass die Belichtungszeit um zwei Stufen nach unten korrigiert werden muss, um die höhere Empfindlichkeit des Films zu kompensieren. Das kann verwirrend werden, da man sich für jede Filmempfindlichkeit einen anderen Belichtungswert (EV) merken muss. Lichtwerte hingegen sind konstant und stellen immer die gleichen Lichtverhältnisse dar. Der Sonnig-f/16-Regel (für Belichtungen bei vollem Tageslicht) entsprechend ist der Lichtwert (LV) immer 15, ungeachtet der Empfindlichkeit des Films. Es ist daher wesentlich einfacher, mit der zweiten Definition des Lichtwerts zu arbeiten, um die Kameraeinstellungen für bestimmte Lichtverhältnisse im Kopf zu errechnen.

ASA/ISO					Blendenstufe								
50	100	200	400	800	1.4	2	2.8	4	5.6	8	11	16	22
2	1	0	-1	-2	1								
3	2	1	0	-1	2	1							
4	3	2	1	0	4	2	1						
5	4	3	2	1	8	4	2	1					
6	5	4	3	2	15	8	4	2	1				
7	6	5	4	3	30	15	8	4	2	1			
8	7	6	5	4	60	30	15	8	4	2	1		
9	8	7	6	5	125	60	30	15	8	4	2	1	
10	9	8	7	6	250	125	60	30	15	8	4	2	1
11	10	9	8	7	500	250	125	60	30	15	8	4	2
12	11	10	9	8	1000	500	250	125	60	30	15	8	4
13	12	11	10	9		1000	500	250	125	60	30	15	8
14	13	12	11	10			1000	500	250	125	60	30	15
15	14	13	12	11				1000	500	250	125	60	30
16	15	14	13	12					1000	500	250	125	60
17	16	15	14	13						1000	500	250	125
18	17	16	15	14							1000	500	250
19	18	17	16	15								1000	500
20	19	18	17	16									1000
50	100	200	400	800	1.4	2	2.8	4	5.6	8	11	16	22
ASA/ISO					Blendenstufe								

LW

VERSCHLUSSZEIT

077 Belichtung
092 Belichtungsmesser
088 Sonnig-f/16-Regel

Lichtwerttabellen

Ein akkurates Verständnis der Lichtwerte ermöglicht es Ihnen, häufig verwendete Lichtwertangaben zu erkennen und die Belichtung auch ohne Verwendung eines Belichtungsmessers korrekt abschätzen zu können. Der passende Lichtwert für die korrekte Belichtung eines taghell erleuchteten Motivs beträgt zum Beispiel 15 (vergleiche Sonnig-f/16-Regel).

Nachfolgend finden Sie die Lichtwerte für die daneben aufgeführten, typischen Lichtverhältnisse.

Lichtwerte für natürliches Licht

16 Überwiegend weiße Bilder, z.B. massive und helle Wände in voller Sonneneinstrahlung, Schneelandschaften
15 Helles Sonnenlicht (Sonnig-f/16)
14 Dunst, leichte Wolkenschleier, Nachmittagssonne
13 Bewölkt mit etwas Licht (leichte Schatten)
12 Leicht schattig
11 Bedeckt / Regen (keine Schatten), Abendhimmel mit Sonnenuntergang
10 Vollkommen schattig, sonniger Tag
8 Innenaufnahme, draußen leicht schattig
7 Innenaufnahme, daußen bedeckt oder Sonnenuntergang

Lichtwerte für künstliches Licht

10/9 Supermarkt
8 Hell erleuchtetes Geschäft / U-Bahn
7 U-Bahnhof
6 Beleuchtetes Schaufenster oder Hausfenster, Neonreklameschild
5 Gleichmäßig beleuchtete Innenräume bei Nacht
4 Motive, die von einer hellen Straßenlampe / einem Scheinwerfer beleuchtet werden

Die Sonnig-f/16-Regel

043 Apertur / Blende
068 Verschlusszeit
075 Filmempfindlichkeit / ISO
082 Belichtungswert (EV)

Die Sonnig-f/16-Regel ist eine einfache Faustregel für die Belichtung, mit der Sie bei hellem Tageslicht Aufnahmen ohne Belichtungsmesser machen können. Sie ist leicht zu merken: Wenn Sie Ihr Motiv bei Tageslicht fotografieren, sollte die Blende auf f/16 eingestellt sein, und die Verschlusszeit auf den Kehrwert, der der Filmempfindlichkeit am nächsten liegt.

f16 + 1 /≈ISO

Wenn Sie zum Beispiel an einem sonnigen Tag mit einer Filmempfindlichkeit von ISO 100 fotografieren, dann wählen Sie eine Blende von f/16 und ungefähr (≈) den gleichen Kehrwert für die Verschlusszeit: idealerweise 1/100, wahrscheinlich aber eher 1/125. Wenn Sie bei Blende f/16 einen Film mit der Empfindlichkeit ISO 400 verwenden, wählen Sie in etwa den Kehrwert für die Verschlusszeit, also 1/500. Ausgehend von dieser Faustregel können Sie auch verschiedene, gleichwertige Kombinationen aus Blendenöffnung und Verschlusszeit wählen, je nachdem, ob Sie für die Aufnahme größeren Wert auf die Schärfentiefe oder die Bewegungsunschärfe legen, also zum Beispiel f11 + 1/250 oder f/22 + 1/60.

Sie können auch ohne strahlenden Sonnenschein ein gut belichtetes Foto ohne Belichtungsmesser machen. Nachfolgend finden Sie einige Variationen, bei denen der Kehrwert der Verschlusszeit immer noch so nah wie möglich an der Filmempfindlichkeit liegt:

f/16	Sonnig	LW15
f/11	Wolkenschleier/Nachmittagslicht	LW14
f/8	Bewölkt, leicht schattig	LW13
f/5.6	Ganz leichte Schatten	LW12
f/4	Bedeckt / Sonnenuntergang	LW11
f/2.8	Vollkommen schattig	LW10

Sonnig

+

f16

+

1/≈ISO

Verdopplung & Halbierung

076 Stufen
075 Filmempfindlichkeit
068 Verschlusszeit
043 Apertur / Blende
045 Blendenstufe
080 Sonnig-f/16-Regel
182 Halbierung der Belichtung ½
184 Verdopplung der Belichtung x2

Jede Stufe (Einstellungsstufe) an der Kamera – ob Filmempfindlichkeit, Verschlusszeit oder Blende – steht für eine Verdopplung oder Halbierung der Belichtung im Vergleich zur benachbarten Stufe. Sie können die Belichtung also einfach im Kopf berechnen, indem sie jeweils durch 2 dividieren oder mit 2 multiplizieren.

Ein Film mit ISO 400 ist doppelt so lichtempfindlich wie ein Film mit ISO 200, viermal so empfindlich wie ISO 100 und halb so empfindlich wie ISO 800.

Obwohl die Verschlusszeitenskala auf den ersten Blick unregelmäßig erscheinen mag, verdoppelt die Blendenstufe f8 die Blendenöffnung im Vergleich zur Blendenstufe f11 und lässt entsprechend doppelt so viel Licht ins Objektiv. Umgekehrt lässt eine Blendenstufe f16 nur die Hälfte der Lichtmenge von f11 passieren.

Eine Verschlusszeit ist bei der Einstellung 1/500 halb so kurz wie bei 1/250, und halbiert somit die Belichtungszeit des Films. Umgekehrt ist eine Verschlusszeit von 1/125 doppelt so lang wie eine von 1/250, und verdoppelt somit die Dauer der Belichtung des Films.

Die Kenntnis dieser Verhältnismäßigkeiten ist wichtig, um die Belichtung einer Aufnahme ohne die Hilfe eines Belichtungsmessers oder detaillierter Tabellen berechnen zu können. Der Lichtwerttabelle entnehmen wir zum Beispiel, dass bei Verwendung eines Films mit ISO 100 und einer Blende von f16 die korrekte Verschlusszeit (und damit Belichtung) bei 1/125 liegt (vergleiche Sonnig-f/16-Regel). Da die aktuelle Einstellung bei jeder Veränderung um eine Stufe immer um den Faktor 2 halbiert oder verdoppelt wird, können wir die korrekte Belichtung für eine Filmempfindlichkeit von ISO 200 berechnen. ISO 200 steht für eine doppelt so hohe Lichtempfindlichkeit wie ISO 100. Daher muss die Lichtmenge, die den Film erreicht, halbiert werden. Das kann auf zwei Wegen geschehen: entweder durch die Halbierung der Verschlusszeit auf 1/250 bei gleichbleibender Blendenstufe f16, oder durch die Halbierung der Blendenöffnung durch Wahl der nächstkleineren Blendenstufe f22.

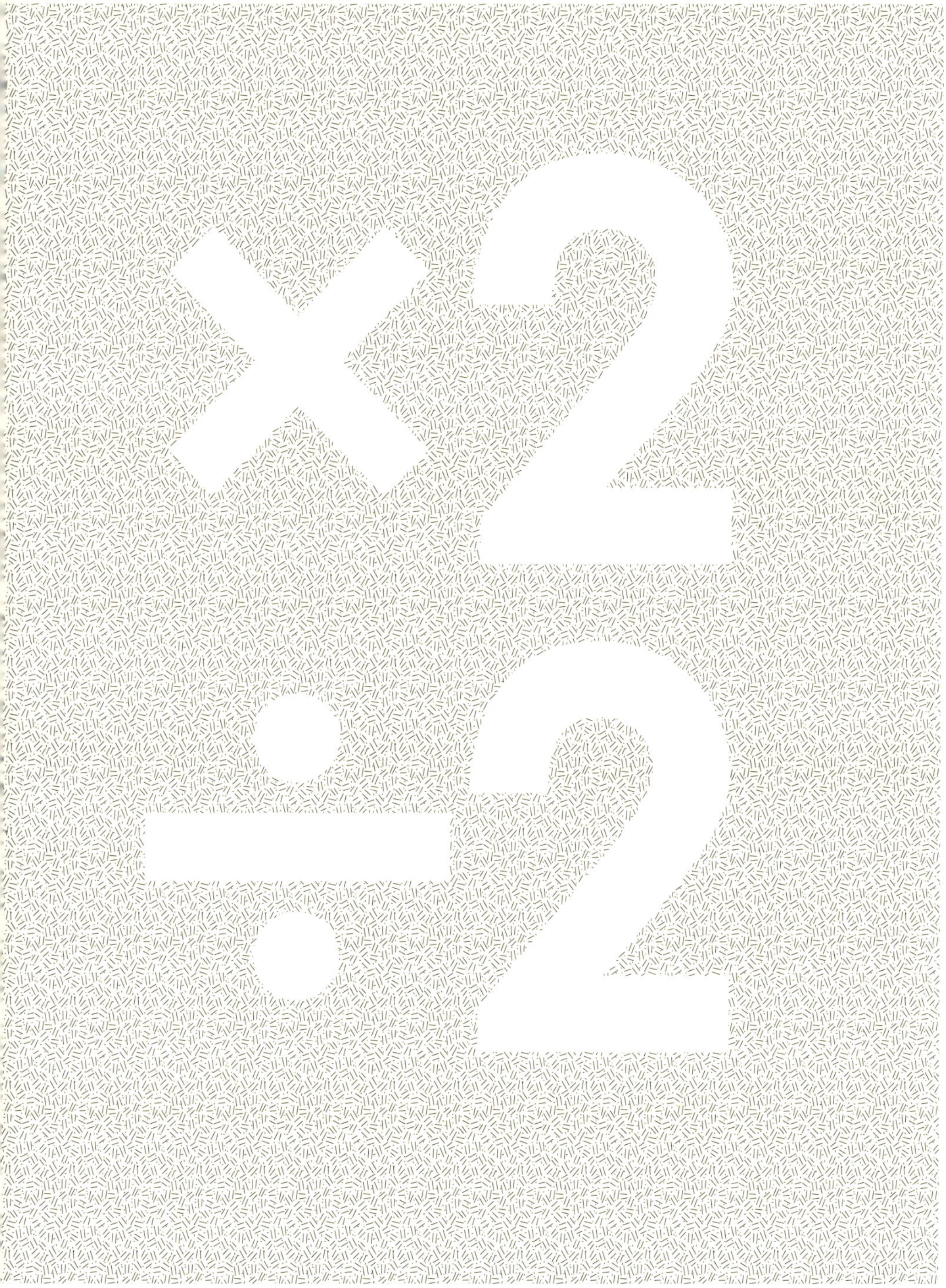
×2
÷2

Belichtungsmesser

077 Belichtung
075 Filmempfindlichkeit
179 Kamerapflege & Aufbewahrung
068 Verschlusszeit
043 Apertur / Blende
115 Priorität

Ein Belichtungsmesser ist ein Instrument, das die Intensität (Helligkeit) des Lichts misst, das auf ein Motiv fällt (einfallendes Licht) oder vom Gegenstand abprallt (reflektiertes Licht). Er wird verwendet, um unter Berücksichtigung der Empfindlichkeit des verwendeten Films die wichtigsten Daten für die Belichtung abzuleiten. Es gibt im wesentlichen zwei Sorten von Belichtungsmessern bei älteren Kameras. Beide sind für die Messung des vom Motiv reflektierten Lichts konzipiert und so kalibriert, dass sie die richtige Belichtung für eine „typische" Szenerie anzeigen.

Selen-Belichtungsmesser funktionieren mit Seelenzellen: photoelektrischen Sensoren, die einfallendes Licht in elektrische Spannung umwandeln. Sie erzeugen ihren eigenen Strom und benötigen keine Batterie. Obwohl diese Zellen nur sehr geringe Stromstärken abgeben, wurden sie zur Grundlage der ersten elektronischen Belichtungsmesser. Die kleinen Linsen auf der Sensorfläche sorgten für die charakterischen „Insektenaugen" von Selen-Belichtungsmessern (die heute häufig mit LEDs verwechselt werden). Die Zellen verkommen unvermeidbar mit dem Lauf der Zeit und werden schließlich unbrauchbar (insbesondere bei unsachgemäßer Aufbewahrung oder längerer Lichteinstrahlung), sodass sie bei manchen alten Geräten unter Umständen nicht mehr funktionieren.

Der zweite Typ von Belichtungsmessern verwendet Cadmiumsulfid(CdS)-Zellen, für deren Betrieb eine Batterie erforderlich ist. Sie sind kleiner (nehmen also weniger Platz ein), empfindlicher und besonders bei schwachen Lichtverhältnissen leistungsfähiger als Selenzellen. Sie wurden Ende der 1960er Jahre gebräuchlich und verdrängten die Selen-Belichtungsmesser sukzessive vom Markt.

Die ersten eingebauten Belichtungsmesser waren nicht an die Verschluss- und Blendeneinstellung der Kamera gekoppelt. Es wurde entsprechend vom Fotografierenden erwartet, beide Einstellungen basierend auf den vom Belichtungsmesser gelieferten Werten manuell vornehmen zu können. Später wurden die Zähler „halbgekoppelt": Der Zähler war also entweder mit der Blende oder dem Verschluss verbunden, ohne Angabe dazu, wie der Fotografierende den jeweils anderen Wert einstellen sollte. Diese Kopplung wird auch als Verschlusspriorität oder Blendenpriorität bezeichnet. Schließlich wurden sowohl Blende als auch Verschluss gekoppelt und fortan vollautomatisch von der Kamera gesteuert.

077 Belichtung
076 Stufen
075 Filmempfindlichkeit
043 Apertur / Blende
068 Verschlusszeit
085 Lichtwert (LV)
087 Lichtwerttabellen

Frei vom Belichtungsmesser

Grundlegend ist es wichtig, sich bewusst zu machen, dass kein Belichtungsmesser der Welt die Belichtung so scharfsinnig korrigieren kann wie der bewanderte Fotograf. Die Erwartung typischer, durchschnittlicher Lichtverhältnisse kann den Belichtungsmesser leicht täuschen, sodass ein überwiegend helles Motiv zu kurz belichtet oder ein überwiegend dunkles Motiv zu lange belichtet wird. Das wiederum erzeugt Bilder, die bis zu drei Einstellungsstufen von dem entfernt sind, was der Fotografierende als Ergebnis erwartet.

In Szenen mit verschiedenen Lichtverhältnissen, wie zum Beispiel der Sicht aus dem Innenraum eines Hauses auf ein lichtdurchflutetes Fenster an einem sonnigen Tag, ist der Dynamikbereich zu groß für eine Aufnahme, bei der sowohl die Partien innerhalb als auch außerhalb des Hauses korrekt belichtet werden. Ein Belichtungsmesser nimmt den Mittelwert beider Helligkeiten (eine hell, die andere dunkel) und erzeugt ein „flaches" Bild, bei dem letzten Endes beide Bildbereiche falsch belichtet sind. In diesem Fall sollte die Kamera manuell auf eine der beiden Helligkeiten eingestellt werden: entweder auf den Lichtwert 15 für den Blick durch das Fenster (was zu einer dunklen Wiedergabe des Innenraums führt) oder auf den Lichtwert 9 für den Blick auf den Innenraum (was den Innenraum angemessen darstellt, aber den Fensterbereich grell und strukturlos darstellt).

Dieses Problem kann gelöst werden, indem Sie einen Belichtungsmesser direkt an den Lichtverhältnissen drinnen oder draußen ausrichten. Ein adäquates Verständnis des Zusammenspiels von Filmempfindlichkeit, Blendenöffnung und Verschlusszeit gibt dem Fotografierenden aber eine ganz eigene Unabhängigkeit und kreative Kontrolle. Wenn Sie die Grundprinzipien der Fotografie verstehen, sind sie autark, ohne sich um niedrige Batteriestände sorgen zu müssen.

Der Ausfall eines Belichtungsmessers hat keinen Einfluss auf die Funktionsfähigkeit von analogen Kameras, bei denen Verschluss und Blende mechanisch betrieben werden. Diese Kameras benötigen Batterien nur für den Belichtungsmesser und den Automatikmodus. Die meisten elektronischen Kameras benötigen eine Batterie, um den Belichtungsmesser, den Verschluss und die Blende zu betreiben. Ohne entsprechende Batterieleistung ist die gesamte Kamera nicht funktionsfähig.

Verschlusszeit und Blende können auch ohne Belichtungsmesser an bestimmte Lichtverhältnisse angepasst werden. Voraussetzung dafür ist lediglich die Kenntnis der Lichtwerte, Lichtwerttabellen und die Durchführung einfacher arithmetischer Rechenaufgaben.

Leitzahl

÷

Entfernung

=

Blendenöffnung

Leitzahl (LZ)

Die Leitzahl (LZ) ist eine Maßzahl für die Lichtenergie des Blitzes (auch als Blitzreichweite bezeichnet) in einer Blitzröhre oder einem Elektronenblitz. Leitzahlen werden üblicherweise für eine Filmempfindlichkeit von ISO 100 angegeben und gelten in der Regel für Blitzlichtgeräte, die mithilfe eines Blitzschuhs an der Kamera montiert werden (die wesentliche Information ist schließlich der genaue Abstand zwischen Blitz und Motiv). Eine höhere Leitzahl steht für einen leistungsstärkeren Blitz.

Das vom Blitzgerät erzeugte Blitzlicht hat Auswirkung auf die Belichtung des Motivs. Seine Intensität nimmt außerdem rapide ab, je weiter es von seiner Quelle entfernt ist. Dieses Phänomen wird durch das Abstandsquadratgesetz ausgedrückt. Das Gesetz besagt, dass sich die Intensität des ausstrahlenden Lichts umgekehrt proportional zum Quadrat des Abstands zwischen Blitz und Motiv verhält. Das bedeutet zum Beispiel:

- Bei 2-fachem Abstand beträgt die Lichtintensität 1/4 im Vergleich zur Quelle (2 Stufen);
- Bei 4-fachem Abstand beträgt die Lichtintensität 1/16 im Vergleich zur Quelle (4 Stufen); und
- Bei 5-fachem Abstand beträgt die Lichtintensität 1/25 im Vergleich zur Quelle (ca. 4,5 Stufen).

Sie müssen daher sowohl die Intensität des Blitzes als auch die Entfernung zwischen Blitz und Motiv berücksichtigen. Die adäquate Blende für die richtige Belichtung berechnen Sie, indem Sie die Leitzahl durch die gemessene Entfernung zwischen Blitz und Motiv dividieren (diese können Sie nach der Fokussierung des Objektivs an der Entfernungsskala am Fokusring ablesen).

Blende = Leitzahl / Entfernung zum Motiv (in Fuß)

Wenn die Leitzahl, also die Blitzreichweite, eines Films mit einer Filmempfindlichkeit von ISO 100 zum Beispiel 64 Fuß beträgt, dann ergibt sich für ein 4 Fuß entferntes Motiv ein Blendenwert von f/16 (64/4=16); bei einem 8 Fuß entfernten Motiv ergäbe sich die Blendenstufe f/8 (64/8=8); und so weiter.

Nicht alle Berechnungen sind so einfach. Bei einem 6 Fuß entfernten Motiv ergäbe sich zum Beispiel ein Blendenwert von: 64/6=10,66. Das entspricht aber keiner exakten Blendenzahl. Wählen Sie in einer solchen Situation die nächstmöglich Blendenstufe (f/Zahl), in diesem Falle also f/11. Das mag zunächst irreführend sein, wird aber sinnvoll durch den Vergleich mit den anderen Resultaten, da die Blendenstufe f/11 für einen Motivabstand von 5 Fuß zwischen f/16 für 4 Fuß und f8 für 6 Fuß liegt.

Für die in Verbindung mit einem Blitz verwendete Verschlusszeit wird je nach Kamera die „Blitzsynchronzeit" (die kürzeste wählbare Verschlusszeit, die Sie mit einem Blitz verwenden können) gewählt (normalerweise 1/60 oder 1/125 bei Schlitzverschlusskameras; jede beliebige Verschlusszeit für Elektronenblitzgeräte bei Zentralverschlusskameras. Je kürzer die Verschlusszeit, desto besser können Sie Bewegungen scharf einfangen). Einige Automatikkameras können die Blende automatisch auf Grundlage der Entfernung zum fokussierten Motiv einstellen. Diese Geräte können auch das Auslösen des Verschlusses verhindern, wenn sich das Motiv zu nahe am Blitz oder zu weit davon entfernt befindet, was zu einer Über- oder Unterbelichtung des Bildes führen würde.

Beachten Sie, dass sich die tatsächliche Blitzreichweite je nach Umgebung und Lichtverhältnissen ändert. In einem kleinen Raum mit weißen Wänden und Decken wird das Licht des Blitzes reflektiert und somit verstärkt. Umgekehrt nimmt die Intensität des Blitzlichts in einer weitläufigen Halle rapide ab. Die Belichtung ein- und desselben Motivs kann also bei gleicher Entfernung und damit gleicher Leitzahl (also Blitzreichweite) je nach Umgebung ganz unterschiedliche Ergebnisse liefern.

Blitzsynchronisation

063 Zentralverschluss
119 Messsucherkamera
067 Schlitzverschluss
068 Verschlusszeit
119 Messsucher- & SR-Kameras

Manche Blitze erreichen den Höhepunkt ihrer Lichtleistung erst nach einer gewissen Verzögerung. Um die Aufnahme einwandfrei zu belichten, muss der Blitz daher exakt mit der vollständigen Öffnung des Verschlusses synchronisiert werden. Bei Verwendung eines Blitzgerätes an einer Messsucherkamera mit Zentralverschluss müssen Sie die korrekte Einstellung wählen, damit Blitz und Verschluss bei allen Verschlusszeiten voll synchronisiert werden. Stellen Sie den Blitzeinstellhebel Ihrer Kamera je nach verwendetem Blitzgerät auf „M", „F" oder „X". Wenn Sie nicht gerade ein paar alte und noch funktionsfähige Blitzbirnen bei einer Auktion ergattern konnten, ist es mehr als wahrscheinlich, dass Sie inzwischen einen elektronischen Blitz (X) verwenden. Wir unterscheiden für die hier behandelten Kamers zwischen drei Arten von Blitzsynchronisationen:

M (Medium-Time) Blitzbirnen
Verzögerung von 20 Millisekunden zwischen dem Auslösen des Blitzlichts und dem vollständigen Öffnen des Verschlusses, damit die Blitzbirne rechtzeitig zur Belichtung des Filmfensters ihre maximale Helligkeit erreicht.

F (Fast) Blitzbirnen
Verzögerung von 5 Millisekunden zwischen dem Auslösen des Blitzlichts und dem vollständigen Öffnen des Verschlusses, damit die Blitzbirne rechtzeitig zur Belichtung des Filmfensters ihre maximale Helligkeit erreicht.

X (Xenon) Elektronenblitzröhren
Keine Verzögerung: Der Blitz reagiert sofort und entfaltet seine maximale Lichtintensität synchron zur vollständigen Öffnung des Verschlusses.

Beachten Sie, dass Zentralverschlusskameras über ein zusätzliches Einstellrad verfügen, das die Verzögerung des Blitzes in den Einstellungen M und F mit dem Verschluss synchronisiert. Dieser Mechanismus kann die Spannmechanik des Verschlusses belasten. Bei der Einstellung X wird er dagegen nicht aktiviert. Sie können den Verschluss also vor zusätzlichem Verschleiß bewahren, indem Sie den Blitzeinstellhebel auf X eingestellt lassen.

Schlitzverschlusskameras können eine andere Blitzeinstellung mit der Bezeichnung **FP** haben. FP steht für den englischen Begriff „Focal-Plane Shutter" (Schlitzverschluss) und wird im Deutschen üblicherweise als Kurzzeitsynchronisation oder High-Speed-Synchronisation (HSS) bezeichnet. Sie wurde speziell für die Verwendung mit Schlitzverschlusskameras entwickelt und synchronisiert den Blitz in der Regel nur bei einer oder zwei Verschlusszeiten, üblicherweise bei 1/60 oder 1/125. Diese Verschlusszeiten werden als „Blitzsynchronzeit" bezeichnet. Die Blitzsynchronzeit ist die kürzeste wählbare Verschlusszeit, die im Zusammenspiel mit dem Blitzgerät verwendet werden kann. Bei Spiegelreflexkameras ist sie auf dem Verschlusszeiten-Einstellrad häufig rot markiert.

MFX

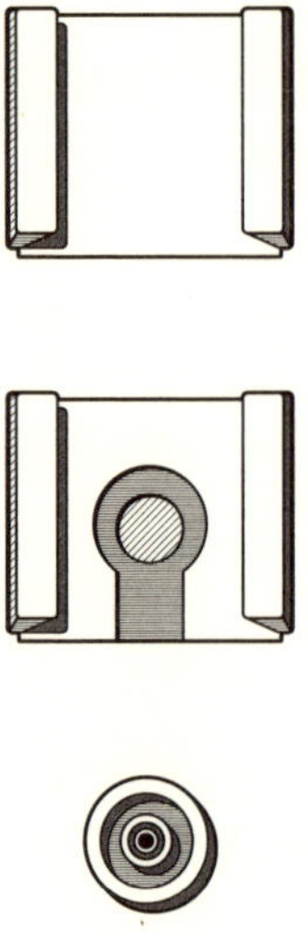

Blitzanschlüsse

Zubehörschuh & Blitzschuh
Zubehörschuhe waren bis Anfang der 1970er-Jahre an den meisten Kameras zu finden. Ein Zubehörschuh besteht aus einer quadratischen Platte, die sich in der Regel auf der Oberseite der Kamera befindet und den Anschluss von Kamerazubehör wie Blitz, Belichtungsmesser oder speziellen Suchern ermöglicht. Es gibt in diesem Fall keine elektronische Verbindung zwischen Zubehör und Kamera: Der Blitz kann am Zubehörschuh der Kamera montiert und über ein Kabel elektronisch mit der Kamera verbunden werden.

Ein Blitzschuh ähnelt dem Zubehörschuh optisch, verfügt aber in der Mitte über einen metallenen Kontaktpunkt, über den Blitz und Verschlussmechanik synchronisiert werden (daher gelegentlich auch als Mittenkontakt-Blitzschuh bezeichnet). Bei der Montage und dem Anschluss eines Blitzgeräts entsteht ein geschlossener Stromkreis, der beim Auslösen des Verschlusses auch den Blitz auslöst. Ein Kabel ist in diesem Fall nicht erforderlich. Komplexere Kontaktpunkte ermöglichen eine erweiterte Kommunikation zwischen Kamera und Zubehör.

Blitzsynchronanschluss (PC-Blitzsynchronanschluss)
Der Blitzsynchronanschluss (auch PC-Blitzsynchronanschluss oder Synchronbuchse) ist häufig auf dem Gehäuse von Kameras zu finden, die aus der Zeit vor der Entwicklung des Blitzschuhs stammen. Er wurde in den 1950er-Jahren von zwei deutschen Herstellern (Prontur-Compur, daher das Kürzel PC) als standardisierte Methode eingeführt, um die Mechaniken ihrer Verschlüsse über ein Synchronkabel mit systemfremden Blitzgeräten oder Blitzanlagen zu synchronisieren. Der PC-Blitzsynchronanschluss ist noch immer an einigen modernen Kameras zu finden und wird hauptsächlich zum Auslösen eines nicht direkt an der Kamera montierten Studioblitzes verwendet. Einige Kameras verfügen über mehrere Synchronbuchsen, die jeweils für einen bestimmten Typ von Blitzgerät bestimmt sind.

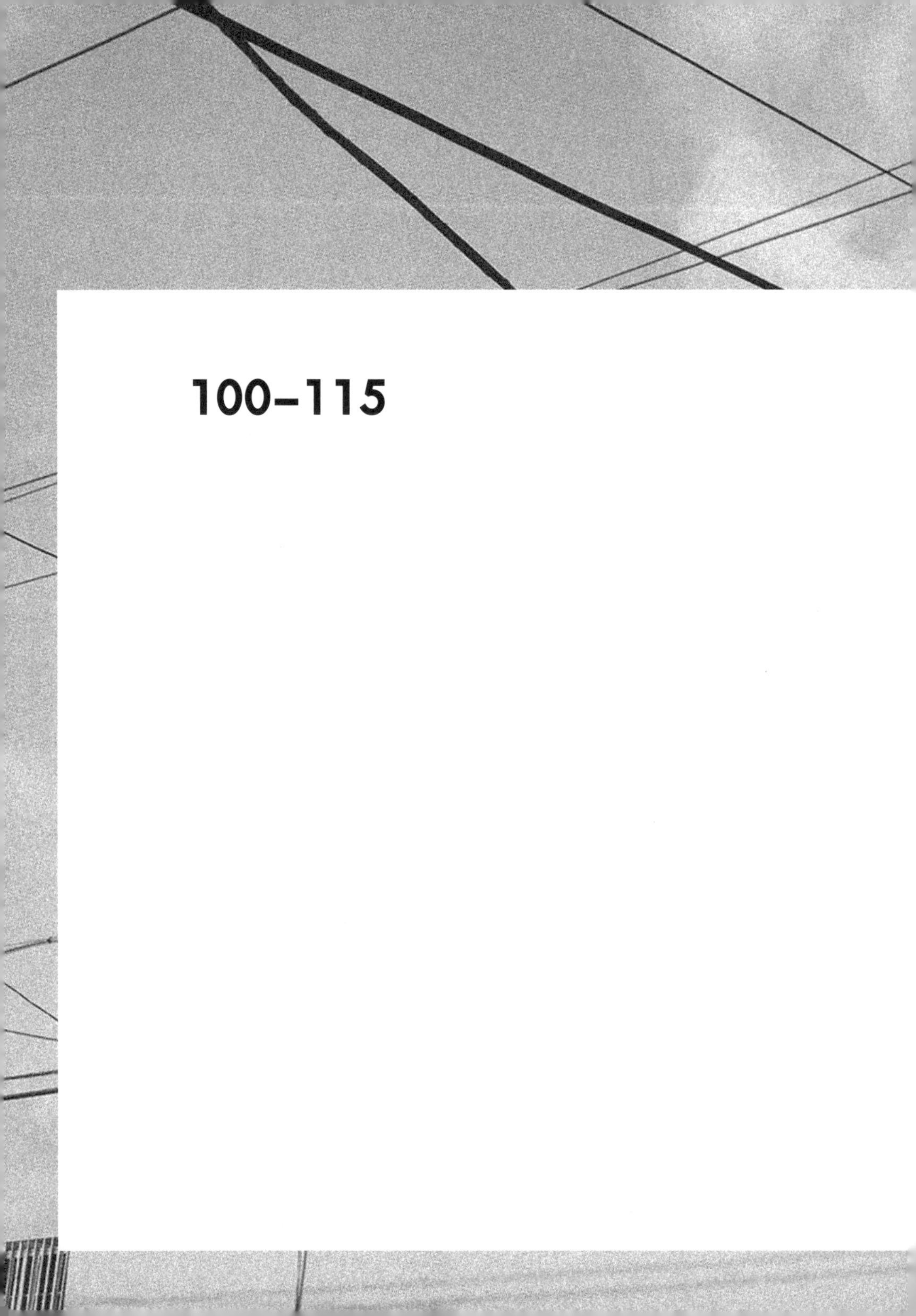

100–115

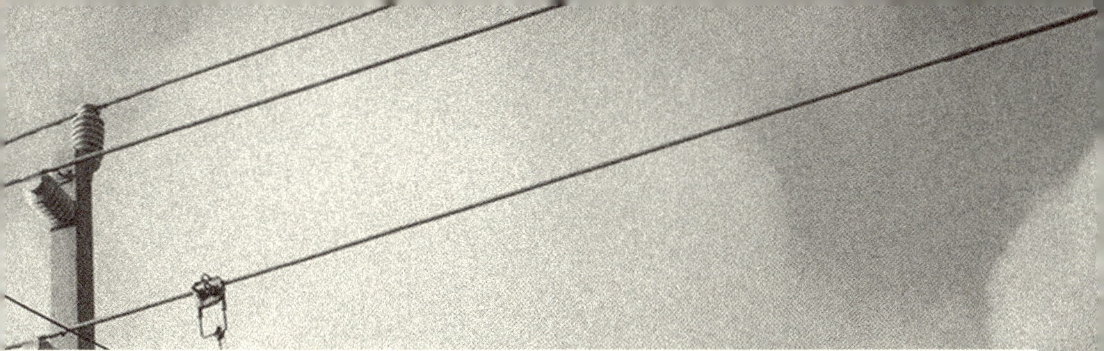

AUSWIRKUNG VON BLENDE & VERSCHLUSSZEIT

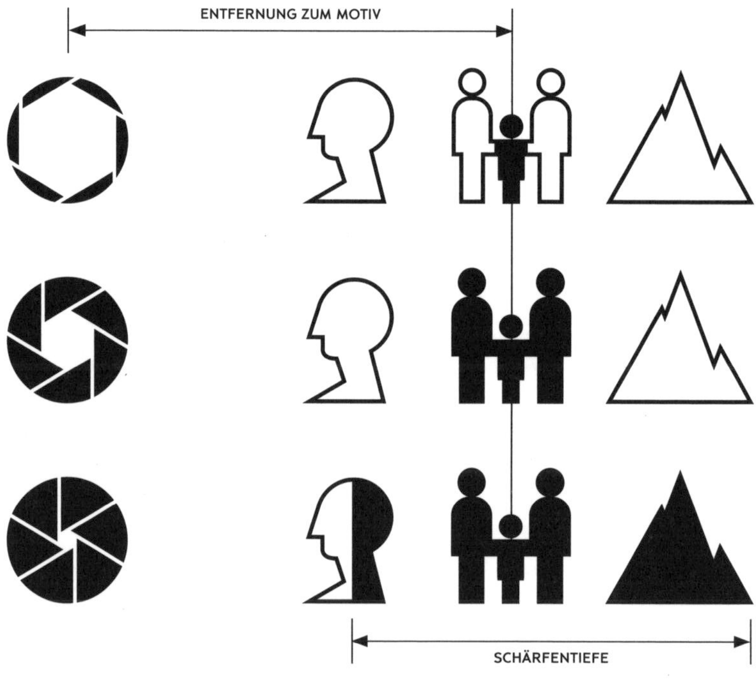
ENTFERNUNG ZUM MOTIV
SCHÄRFENTIEFE

047 Filmebene
045 Blendenstufe
043 Apertur / Blende
048 Brennweite
106 Bokeh

Schärfentiefe

Wenn Sie ein Motiv (also einen Gegenstand) scharf und genau fokussieren, erzeugt das Objektiv einen Bereich, der sich je nach Einstellung vor und hinter der (parallel zur Bildebene liegenden) Gegenstandsebene erstreckt und innerhalb dessen alle Gegenstände scharf und deutlich auf dem Film wiedergegeben werden. Dieser Bereich wird als „Schärfentiefe" bezeichnet.

Manchmal wollen Sie alle Motivbereiche im Vorder- und Hintergrund scharf fokussieren. Manchmal möchten Sie ein Motiv im Vordergrund scharf stellen und den Hintergrund bewusst bewegt und unscharf halten.

Der wesentliche Faktor für diese Effekte ist die Blendenstufe, wobei die Unschärfe umso stärker zum Ausdruck kommt, je größer Sie die Blende (durch Wahl einer kleinen Blendenstufe) einstellen. Kleine Blendenöffnungen können weitere Bereiche des Objektraums scharf fokussieren als größere Blendenöffnungen. Bei einer Blende von f/16 hält Ihr Objektiv den größten Teil des Bildes oder möglicherweise sogar das ganze Bild im Fokus. Eine Blende von f/2 hält nur die Gegenstandsebene im Fokus, sodass der restliche Hintergrund des Bildes unscharf erfasst wird.

Schärfentiefeskalen helfen bei der Berechnung dieses Schärfeverlaufs, variieren aber je nach der spezifischen Brennweite eines Objektivs (je kürzer die Brennweite, desto größer der Schärfentiefebereich, und desto länger die Brennweite, desto kleiner der Schärfentiefebereich).

Merken Sie sich als einfache Richtlinie: Je größer die Blendenöffnung und je geringer die Brennweite, desto kleiner ist der Schärfentiefebereich. Eine kleinere Blendenöffnung (durch Wahl einer höheren Blendenstufe) erweitert die Schärfentiefe (und damit die Schärfentiefetoleranz). Die Schärfentiefe ist hinter dem Schärfepunkt größer als davor.

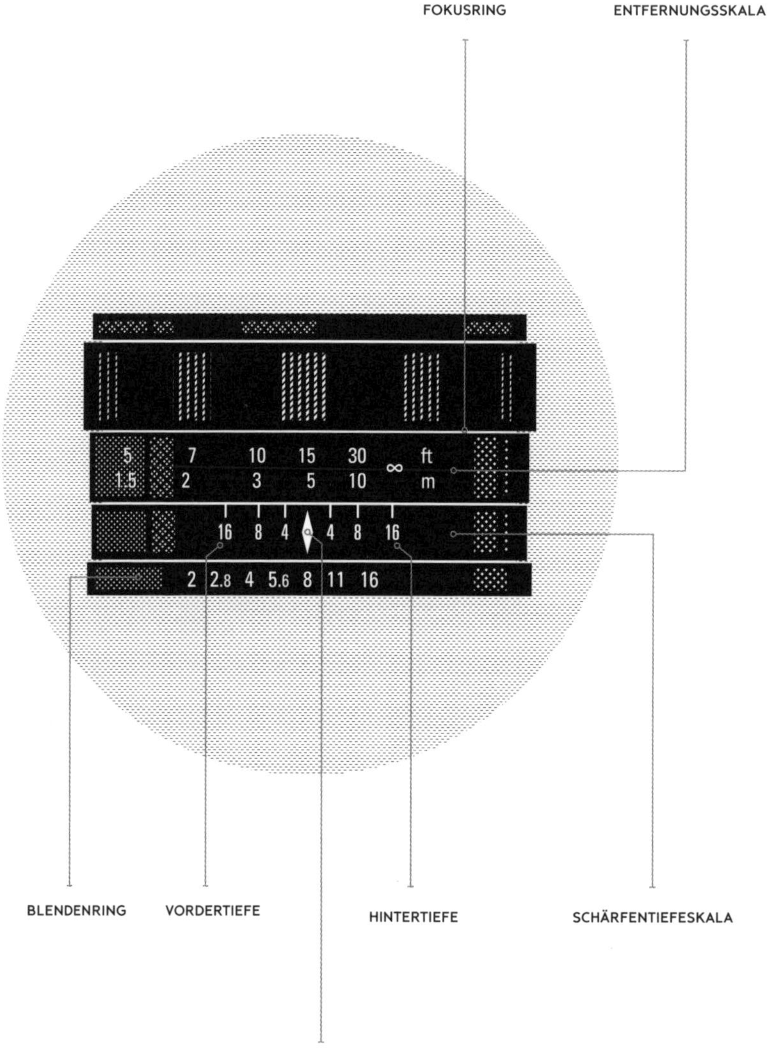
FOKUSRING
ENTFERNUNGSSKALA
5 7 10 15 30 ∞ ft
1.5 2 3 5 10 m
16 8 4 4 8 16
2 2.8 4 5.6 8 11 16
BLENDENRING
VORDERTIEFE
HINTERTIEFE
SCHÄRFENTIEFESKALA
INDEXMARKIERUNG

103 Schärfentiefe
043 Apertur / Blende
045 Blendenstufe

Schärfentiefeskala

An der Schärfentiefeskala können Sie ablesen, wie groß die Schärfentiefe je nach Motivabstand bei einer bestimmten Blendenstufe sein wird. Die Schärfentiefenskala ist eine feste, also nicht verstellbare Markierung hinter der Entfernungsskala auf dem Fokusring und setzt sich aus Blendenzahlen zusammen, die zu beiden Seiten einer zentralen Indexmarkierung ausstrahlen (und ansteigen). Nach dem Fokussieren (Scharfstellen) eines Motivs gibt die Schärfentiefeskala an, innerhalb welcher Entfernung vom Objektiv die Gegenstände im Objektraum scharf abgebildet werden: Der auf dem Blendenring eingestellte Blendenwert ist je einmal zu beiden Seiten der Indexmarkierung auf der Schärfetiefeskala zu finden. Er klammert den Schärfentiefebereich auf der Entfernungsskala ein.

Im Beispiel links zeigt die Indexmarkierung der Schärfentiefeskala an, dass das Objektiv bei einer Entfernung von 5 Metern scharf fokussiert ist. Wenn die Blende auf die Stufe f/8 eingestellt ist, zeigt die Schärfentiefeskala an, dass alle Motivbereiche zwischen 3 Metern und 10 Metern scharf erfasst werden (die Abstandswerte über der 8 zu beiden Seiten der Indexmarkierung auf der Schärfentiefeskala). Alle Gegenstände, die zwischen 4 Metern und 7 Metern entfernt sind, werden bei einer Blende von f/4 scharf abgebildet, und die Blende f/16 erweitert die Schärfentiefe so stark, dass alle Gegenstände ab einer Entfernung von etwa 2,5 Meter bis unendlich scharf und deutlich abgebildet werden.

Eine alternative Vorgehensweise besteht darin, mithilfe der Skala diejenige Blendenstufe zu ermitteln, der die Schärfentiefe nach ihren Wünschen definiert:

1. Fokussieren Sie zuerst das naheste Motiv, das scharf abgebildet werden soll, und notieren Sie die auf der Entfernungsskala Ihres Objektivs angezeigte Entfernung.
2. Wiederholen Sie den Vorgang für das am weitesten entfernte Objekt, das Sie scharf abbilden wollen.
3. Stellen Sie den Fokusring dann so ein, dass beide Abstandswerte (nah und fern) jeweils derselben Blendenstufe auf der Schärfentiefeskala gegenüberliegen (also jeweils gleich weit von der Indexmarkierung entfernt sind). Wählen Sie jetzt diesen Blendenstufe für die Blendenöffnung und Sie erhalten die beste Gesamtschärfe für alle in diesem Entfernungsbereich befindlichen Gegenstände.

Bokeh

103 Schärfentiefe

Der Begriff Bokeh wird oft mit der Schärfentiefe verwechselt. Bokeh (aus dem Japanischen für „unscharf") bezieht sich jedoch auf die ästhetische Qualität des Unschärfebereichs außerhalb des Schärfentiefebereichs. Jedes Objektiv erzeugt sein ganz eigenes Bokeh: ein individuelles Aussehen der unscharfen Bildbereiche, das durch die objektivabhängigen Aberrationen und die Form der Apertur bestimmt wird.

068 Verschlusszeit
119 Messsucher- & SR-Kameras
048 Brennweite

Bewegungsunschärfe / scheinbare Motivbewegung

Es wird Situationen geben, in denen Sie die Bewegung eines sich bewegenden Motivs „einfrieren", also ein Motiv in seiner Bewegung scharf abbilden wollen. In anderen Situationen möchten Sie die Bewegung vielleicht ganz bewusst durch die Aufnahme von Bewegungsunschärfe überzeichnen. Entscheidungen dieser Art hängen mit der scheinbaren Motivbewegung zusammen. Wie Bewegung auf einem Foto wiedergegeben wird, wird durch die Verschlusszeit bestimmt. Kürzere Verschlusszeiten können schnelle Bewegung besser erfassen (einfrieren) als längere Verschlusszeiten. Eine Verschlusszeit von 1/500 Sekunde friert die meisten Bewegungen ein, während bei einer Verschlusszeit von 1/15 Sekunde selbst langsame Bewegungen verschwimmen.

Am besten erfassen Sie Bewegungen mit einem Stativ, um den Kontrast zwischen der Unschärfe des sich bewegenden Motivs und der Schärfe der statischen Gegenstände im Bild so stark wie möglich zu akzentuieren.

Bewegungsunschärfe kann aber auch ein unbeabsichtigter und damit unerwünschter Bildeffekt sein, der eher durch die Bewegung der Kamera als durch die Bewegung des Motivs entsteht (zum Beispiel durch eine wackelige, unruhige Kamerahaltung oder den Spiegelschlag einer Spiegelreflexkamera). Bewegungsunschärfe dieser Art können Sie vermeiden, indem Sie die Verschlusszeit nicht länger einstellen als auf den kürzesten Kehrwert der Brennweite des verwendeten Objektivs: bei einem 55mm-Objektiv wäre das eine Verschlusszeit von mindestens 1/60 Sekunde.

Bokeh

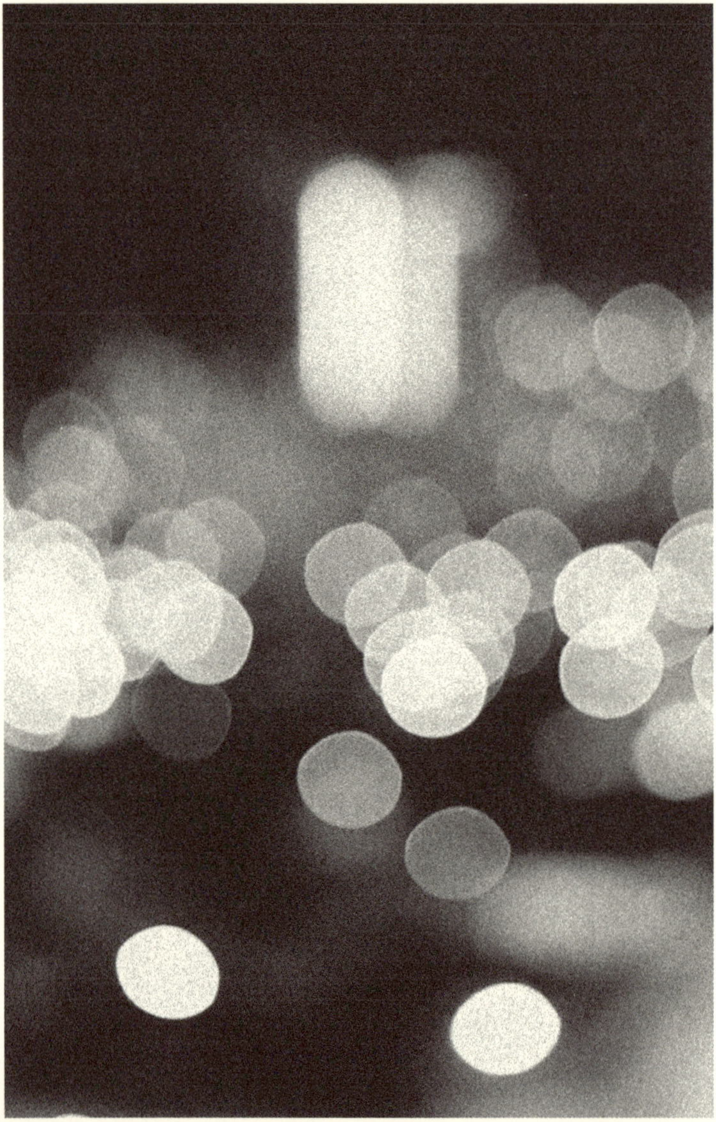

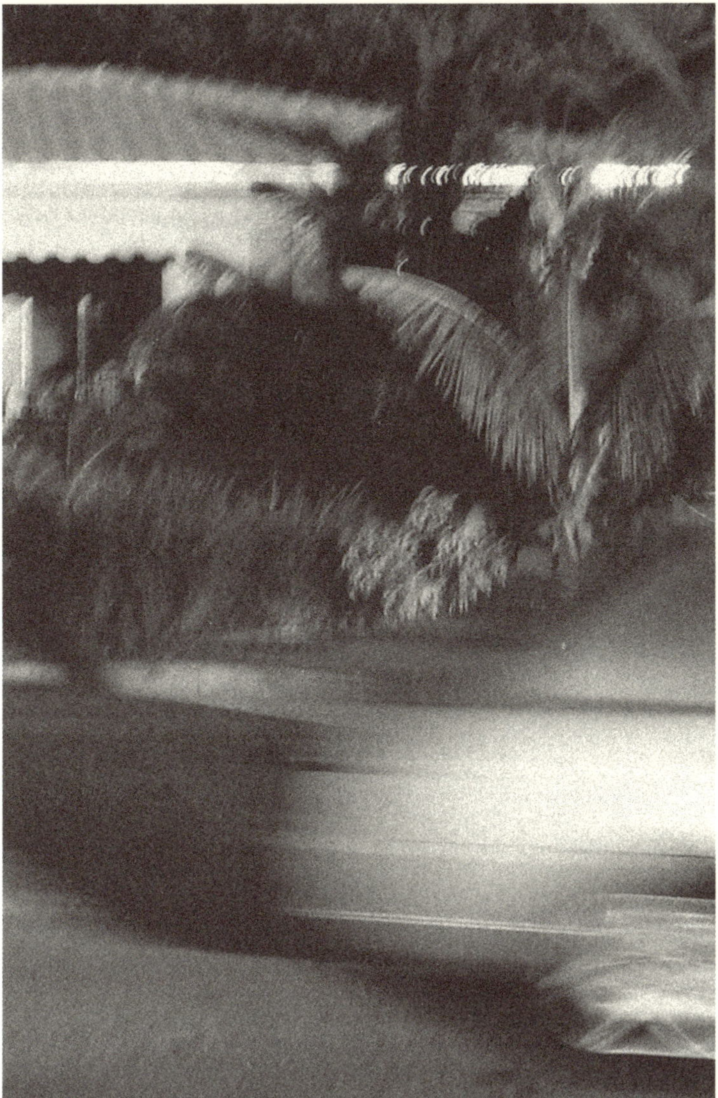

Schärfste Blende

043 Apertur / Blende
103 Schärfentiefe
113 Vignettierung
111 Beugung
155 Auflösung & Schärfe
045 Blendenstufe
068 Verschlusszeit

Die Leistung eines Objektivs variiert je nach Blendenöffnung. Weit geöffnete Objektive geben nur kleine Schärfentiefebereiche wieder und sind anfällig für den Effekt der Vignettierung, und weit geschlossene Objektive büßen aufgrund von Beugung an Schärfe ein. Die schärfste Blende ist indes nicht die Blendenstufe, die die gleichmäßigste Schärfe abbildet, sondern jene, bei der das Objektiv die feinsten Bilddetails auflösen kann – also das beste „Auflösungsvermögen" erlaubt. Ein hohes Auflösungsvermögen zeichnet mehr sichtbare Bilddetails und kleinste Strukturen auf. Je feiner und deutlicher die dargestellten Details, desto höher die Auflösung und desto schärfer das Bild.

Ein Objektiv zeichnet nicht bei jeder Aufnahme alle Bildbereiche mit derselben Auflösung auf. Je nach gewählter Blende und Position im Bild kann die Auflösung erheblich variieren, wobei die Schärfe von der Mitte zu den Ecken hin abnimmt. Die meisten Objektive erreichen ihr höchstes Auflösungsvermögen in der Bildmitte, und zwar bei einer Blendenöffnung zwischen den beiden niedrigsten und höchsten Blendenstufen. Die typische Blendenreihe lautet:

2 2.8 4 5.6 8 11 16

Ein Objektiv mit einem solchen Blendenbereich nimmt das schärfste Bild zwischen den Blendenstufen 4, 5.6 und 8 auf, wobei der sogenannte Sweetspot (die Blendenöffnung, bei der ein Objektiv sein größtes Auflösungsvermögen erreicht) je nach Objektiv bei einer anderen Blendenstufe liegt. Bei Testaufnahmen erreichen die meisten Objektive ihr optimales Auflösungsvermögen bei den Blendenstufen f/4 und f/5.6. Als grobe Richtlinie können Sie sich aber merken, dass die optische Schärfe eines Objektivs beim mittleren Wert der Blendenreihe doppelt so scharf ist wie bei den Stufen an beiden Enden der Blendenreihe.

Wie zuvor erwähnt sind beim Vergleich von Blendeneinstellungen weitere Faktoren zu berücksichtigen. Die Schärfentiefe ist bei kleineren Blendenöffnungen größer, sodass ein Objektiv bei einer hohen Blendenstufe von f16 alle Bereiche eines Bildes bis in die Ecken hinein fokussieren und scharfstellen kann. Andererseits tritt bei kleineren Blendenöffnungen häufig das Problem der Beugung auf: Obwohl ein Bild zum Beispiel bei einer Blende von f/16 gleichmäßig scharf abgebildet zu sein scheint, ist der schärfste Punkt (die Bildmitte) weniger scharf, als wenn Sie dieselbe Szenerie bei einer zweiten Aufnahme mit einer größeren Blendenöffnung fotografieren. Das mit der größeren Blendenöffnung aufgenommene Foto wird jedoch nicht über den gesamten Bildbereich hinweg scharf dargestellt und mit zu den Ecken hin abnehmender Schärfentiefe zunehmend weicher. Bei großen Blendenöffnungen wird diese Weichzeichnung der Ecken häufig durch den Effekt der Vignettierung verstärkt.

Größere Blendenöffnungen (keine vollständig geöffneten Blendeneinstellungen, die zu viel Schärfe einbüßen) ermöglichen also Aufnahmen, die in der Bildmitte scharf dargestellt werden, aber zu den Ecken hin weicher werden. Kleinere Blendenöffnungen geben das gesamte Bild gleichmäßig hell und scharf wieder, stellen es aufgrund der Beugung aber nicht mit der größtmöglichen Schärfe dar. Beachten Sie, dass sich maximale Schärfe und maximale Schärfentiefe entsprechend gegenseitig ausschließen.

Ungeachtet von der Schärfe eines Objektivs hängt die Auflösung auch von der Filmempfindlichkeit ab, denn Filme mit einer niedrigen Empfindlichkeit und einer feinen Körnung zeichnen aufgrund der längeren Belichtungszeit mehr Informationen auf als „schnelle" Filme mit hoher Sensibilität. Die Schärfe hängt in gewissem Maße auch von der Verschlusszeit und der Gleichmäßigkeit der Kameraführung ab, denn selbst die kleinsten Wackler können die Darstellung feiner Details beeinflussen.

043 Apertur / Blende
110 Schärfste Blende
054 Objektiv mit Festbrennweite

Beugung

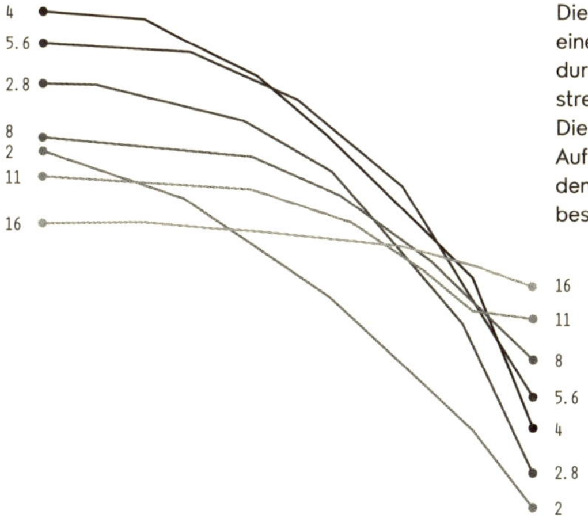

Die kleinen Öffnungen zwischen den Lamellen einer Blende können geringe Mengen an Licht durchlassen, dessen Wellen sich biegen und streuen können, kurz bevor sie den Film erreichen. Dieser „Beugungseffekt" führt zu einem Verlust an Auflösung und Schärfe und manifestiert sich bei den beiden kleinsten Blendenstufen eines Objektivs besonders deutlich.

Graphische Darstellung:
Dies ist ein typisches Messergebnis für ein gängiges 45-mm-Objektiv mit Festbrennweite. Die Y-Achse (vertikal) bildet die Schärfe ab, die oben ausgezeichnet und am Ursprung der Achse schlecht ist. Die X-Achse (horizontal) bildet die Position innerhalb des Bildbereichs ab, die sich am Ursprung der Achse in der Bildmitte befindet und nach rechts hin zu den Bildrändern hin nach außen wandert.

Die Graphen zeigen, dass das Bild bei einer weiten Blende von f/2 in der Bildmitte fast genauso scharf ist wie bei Blende f/8, zu den Ecken hin aber deutlich unschärfer wird. Generell verbessert die Wahl höherer Blendenstufen die Gleichmäßigkeit der Schärfe im gesamten Bildbereich. Das Auflösungsvermögen dieses Objektivs ist bei Blendenstufe f/4 am höchsten, was bedeutet, dass es bei einer Blendenstufe von knapp über f/5,6 die schärfste Darstellung liefern würde. Die Beugung macht sich bei diesem Objektiv nur bis Blendenstufe f/11 bemerkbar. Bei der größten Blendenstufe (der kleinsten Blendenöffnung) ist die Schärfe zwar relativ am geringsten, dafür aber am geringsten von der Beugung betroffen.

053 Bildwinkel
043 Apertur / Blende
076 Stufen
162 Filter

Vignettierung

Wenn ein Abschnitt eines fotografischen Films (Negativ) in der Mitte stärker belichtet wird als in der Peripherie, entsteht ein Bild, das in der Mitte hell ist und zu den Ecken hin dunkler wird: eine Vignette. Der Effekt der Vignettierung ist ein inhärentes Charakteristikum der meisten Objektive (insbesondere bei Objektiven mit großem Bildwinkel). Er tritt am deutlichsten zutage, wenn die Blende weit geöffnet ist, verflüchtigt sich aber ab einer Einstellung von ein oder zwei Blendenstufen unterhalb der maximalen Blendenöffnung (oberhalb der kleinsten Blendenstufe).

Die optische Wirkung dieses „Lichtabfalls" bleibt in den meisten Fällen unbemerkt, macht sich aber vor allem dann bemerkbar, wenn Sie große Gegenstände oder Flächen mit gleichmäßiger Farbe und Helligkeit fotografieren.

Bei einem Objektiv mit sehr weitem Bildwinkel kann der Helligkeitsabfall dazu führen, dass die Bildränder bis zu zwei Blendenstufen dunkler dargestellt werden als die Bildmitte. Diesen Effekt können Sie mit einem Grauverlauffilter ausgleichen, der an den Rändern klarer und in der Mitte stärker getönt ist, so dass das gesamte Bild gleichmäßig belichtet wird.

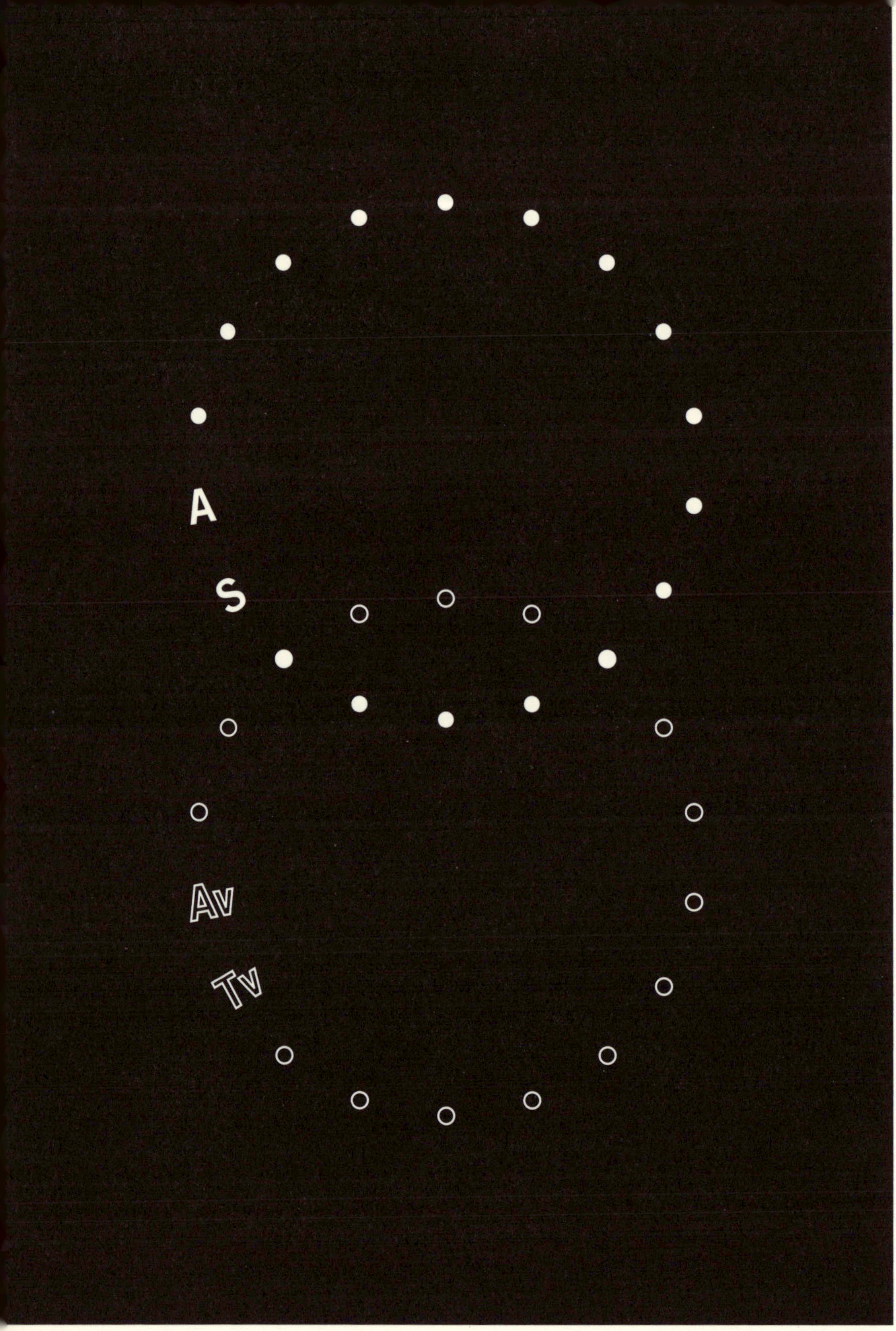
A
S
Av
Tv

092 Belichtungsmesser
103 Schärfentiefe
107 Bewegungsunschärfe
043 Apertur / Blende
068 Verschlusszeit

Priorität

Blendenpriorität und Verschlusspriorität sind halbmanuelle (oder halbautomatische) Modi, die häufig bei Kameras mit eingebautem Belichtungsmesser verwendet werden.

Sie verleihen dem Fotografierenden die kreative Kontrolle, bei einer Aufnahme entweder die Schärfentiefe oder die Bewegungsunschärfe zu priorisieren und das Bild mithilfe des Belichtungsmessers dennoch optimal zu belichten.

Bei der Einstellung für die Blendenpriorität (A oder Av [für „Aperture Value", also Blendenöffnung]) können Sie Ihre Blende manuell einstellen. Der Belichtungsmesser der Kamera errechnet dann automatisch die passende Verschlusszeit für die richtige Belichtung. Der Hauptzweck dieses Modus' ist die volle Kontrolle über die Schärfentiefe.

Bei der Einstellung für die Verschlusspriorität (S oder Tv [für „Time value", also Zeitwert]) haben Sie die Möglichkeit, die Verschlusszeit manuell zu wählen. Der Belichtungsmesser errechnet dann automatisch die passende Blende für die richtige Belichtung. So können Sie schnell eine kurze oder lange Verschlusszeit für die Aufnahme wählen, je nachdem welche Effekte Sie mit der Bewegungsunschärfe erreichen wollen.

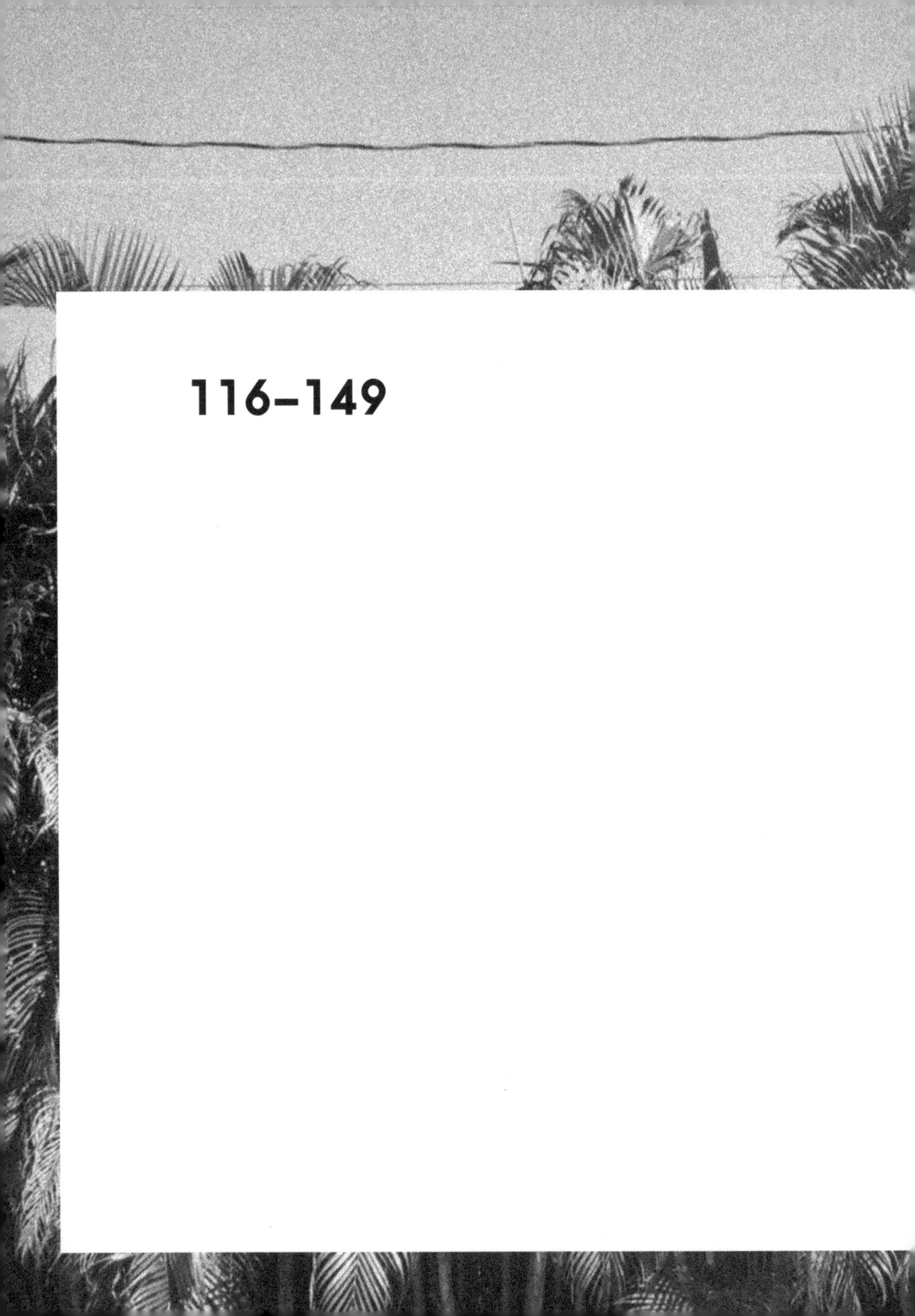

116–149

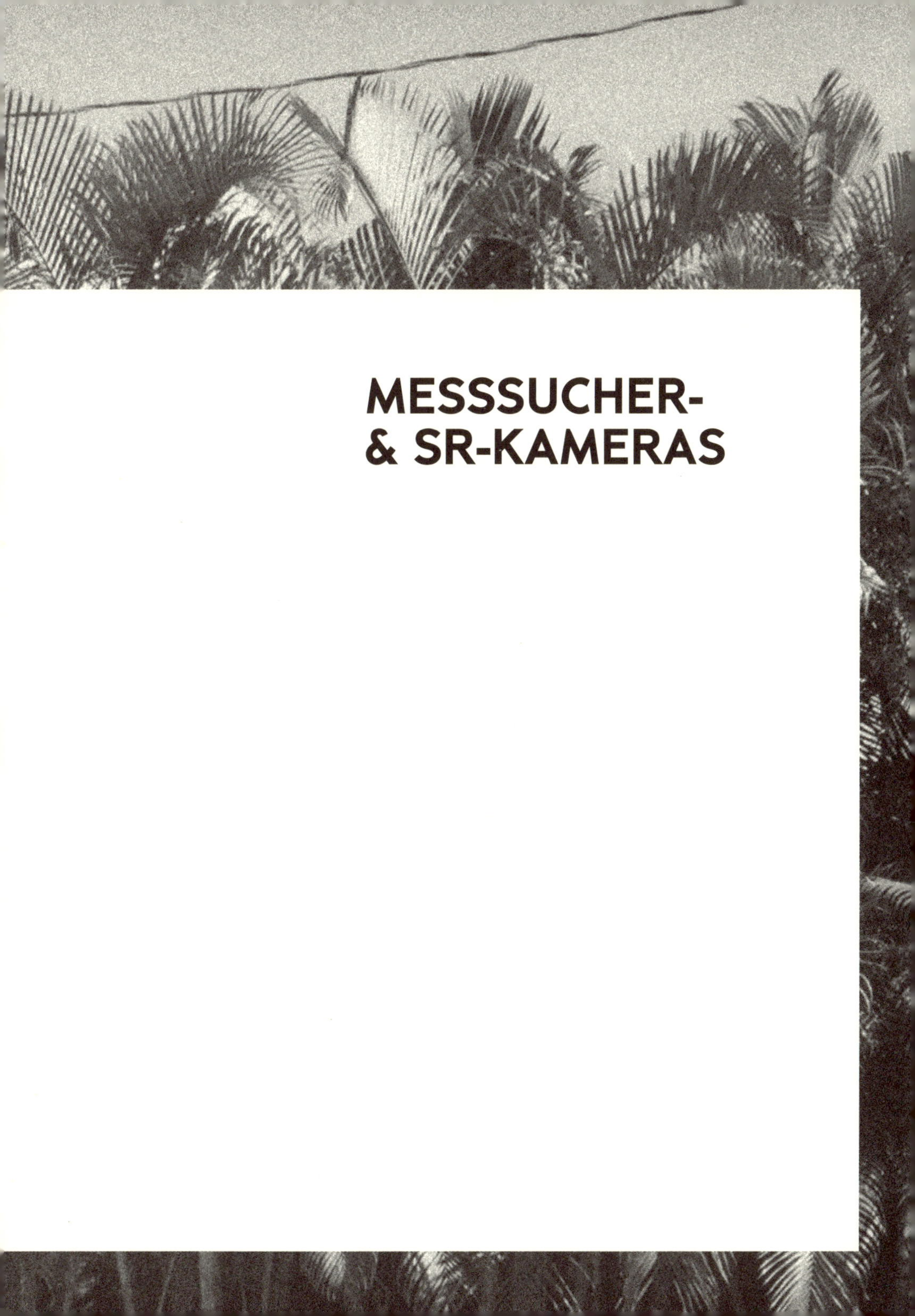

MESSSUCHER- & SR-KAMERAS

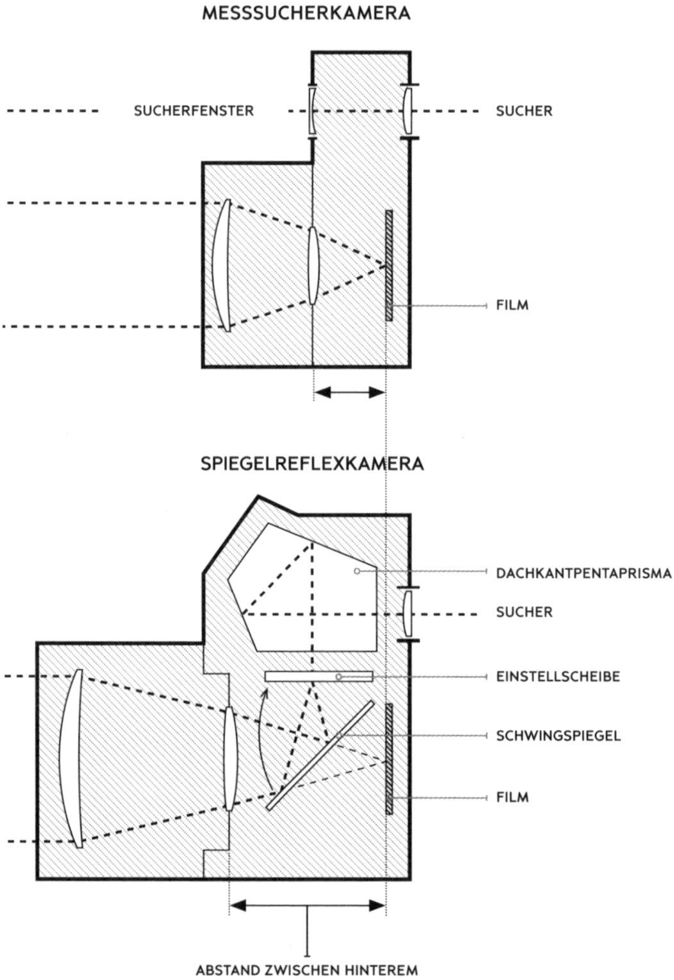
MESSSUCHERKAMERA
SUCHERFENSTER
SUCHER
FILM
SPIEGELREFLEXKAMERA
DACHKANTPENTAPRISMA
SUCHER
EINSTELLSCHEIBE
SCHWINGSPIEGEL
FILM
ABSTAND ZWISCHEN HINTEREM
LINSENELEMENT UND FILMEBENE

127 Pentaprisma
129 Spiegel / Dachkantpentaprisma
047 Filmebene
124 TTL / Through-the-Lens
123 Parallaxe
063 Zentralverschluss
107 Bewegungsunschärfe
067 Schlitzverschluss
096 Blitzsynchronisation

Messsucher- & SR-Kameras

Eine Spiegelreflexkamera (kurz SR-Kamera) verwendet ein Pentaprisma (ein fünfseitiges, optisches Prisma) und einen angewinkelten, wegklappbaren Spiegel (Schwingspiegel), um das Licht vom Objektiv zum Sucher umzuleiten, sodass der Fotografierende exakt das Bild sehen kann, das der Film tatsächlich aufnehmen wird. Das Wort „Reflex" bezieht sich auf die „Spiegelreflexion". Ein Objektiv invertiert das Licht sowohl horizontal als auch vertikal, sodass Spiegel und Pentaprisma das Bild umkehren müssen, damit es im Sucher genau so erscheint wie mit bloßem Auge gesehen. Der Schwingspiegel befindet sich in einer Spiegelkammer zwischen dem hintersten Linsenelement des Objektivs und der Filmebene (Brennnebene) an der Kamerarückwand; das Pentaprisma im obersten Teil des des Kameragehäuses im direkten Lot über dem Spiegel.
Wenn der Verschluss einer SR-Kamera ausgelöst wird, klappt der Spiegel aus dem Strahlengang nach oben, damit das Bild auf den Film fallen kann. Das führt dazu, dass der Sucher beim Fotografieren selbst kein Bild anzeigen kann (der Spiegel befindet sich nicht in Position, um das Bild umzuleiten) und dunkel wird, sodass Sie im präzisen Moment der Aufnahme selbst nichts sehen können (Blackout). Die Bewegung des Spiegels wird als Schlag (Spiegelschlag) bezeichnet. Der Spiegelschlag ist relativ laut und erschüttert die Kamera, was bei längeren Verschlusszeiten zu unerwünschter Bewegungsunschärfe führen kann.

Anders als bei einer SR-Kamera kann der Fotografierende bei einer Messsucherkamera nicht direkt durch das Objektiv blicken. Das Bild wird stattdessen in einem Sucherfenster angezeigt, das sich mit Blick auf die Kameravorderseite normalerweise oben rechts im Kameragehäuse befindet. Die simplere optische Ausstattung einer Messsucherkamera nimmt weniger Platz in Anspruch als das Pentaprisma und die Spiegelkammer einer SR-kamera. Und obwohl die Trennung von Sucher und Objektiv zu Problemen bei der Anpassung des Bildausschnitts führen kann (siehe Parallaxe), liegt der augenscheinlichste Vorteil in der Kompaktheit: Messsucherkameras sind deutlich kleiner und leichter als die meisten SR-kameras und einfacher zu transportieren. Das Fehlen der Spiegelkammer verbessert auch die Bildqualität, da das Objektiv tiefer in das Kameragehäuse eingesetzt werden kann, was den Abstand zwischen dem hinteren Linsenelement und dem Film verkürzt. So wird das Bild mit minimalem Farb- und Detailverlust vom Objektiv auf den Film projiziert, weil das Licht einen kürzeren Weg zurücklegt.
Ohne Schwingspiegel kommt es bei Messsucherkameras auch nicht zum Spiegelschlag, und die radiale Bewegung des Zentralverschlusses einer Messsucherkamera mit Festobjektiv verursacht weniger Vibration als die einseitige Bewegung eines Schlitzverschlusses. Dadurch sind Messsucherkameras nicht nur leiser, sondern auch weniger anfällig für Bewegungsunschärfen: Der Fotografierende kann auch bei manueller Kameraführung und längeren Verschlusszeiten scharfe Bilder aufnehmen. Es kommt nicht zum temporären Bildausfall (Blackout) im Sucherokular, sodass Sie den „entscheidenden Moment" erleben können, in dem der Auslöser gedrückt wird.

Die Schlitzverschlüsse von SR-Kameras (oder Messsucherkameras mit Wechselobjektiv) können wesentlich kürzere Verschlusszeiten erreichen als Zentralverschlüsse, dafür aber nicht bei allen Verschlusszeiten mit einem Blitz synchronisiert werden. SR-Kameras müssen keine Parallaxe ausgleichen und können daher in der Regel viel näher fokussieren als Messsucherkameras. Die Naheinstellgrenze (der kürzeste Abstand, bei dem ein Objekt ein Motiv scharfstellen kann) liegt bei einer Messsucherkamera bei knapp 1 Meter. SR-Kameras dagegen erreichen mit gleichwertigem Objektiv Naheinstellgrenzen von 30 Zentimetern und weniger. Umgekehrt kann der Schärfentiefebereich einer Messsucherkamera viel einfacher und schneller aus der Nähe bis ins Unendliche gestellt werden, als dies bei einem entsprechenden Spiegelreflex-Objektiv möglich ist.

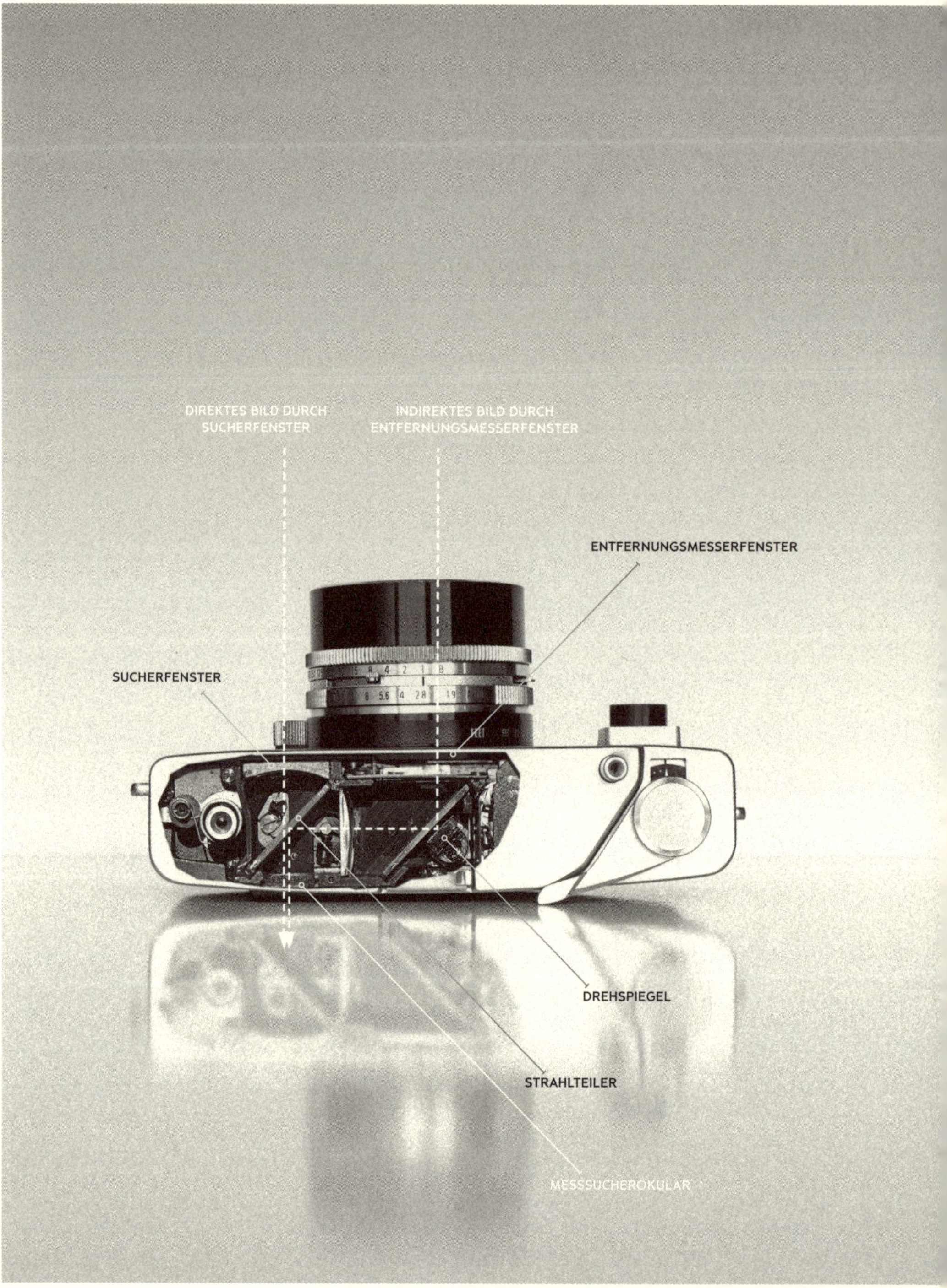
DIREKTES BILD DURCH
SUCHERFENSTER
INDIREKTES BILD DURCH
ENTFERNUNGSMESSERFENSTER
ENTFERNUNGSMESSERFENSTER
SUCHERFENSTER
DREHSPIEGEL
STRAHLTEILER
MESSSUCHEROKULAR

020 Entfernungsskala
103 Schärfentiefe
130 Sucher: Messsucherkamera
140 Fokussieren einer Messsucherkamera
142 Fokuspunkt eines Mischbild-Entfernungsmessers

Messsucherkamera / gekoppelter Entfernungsmesser

Der Abstand zwischen Kamera und Motiv ist der wichtigste Faktor beim Fokussieren eines Bildes. Eine Messsucherkamera berechnet den Motivabstand eigens mit einem dafür entwickelten optischen Gerät: einem Entfernungsmesser.

Dieser Entfernungsmesser ist in der Regel mit dem Fokussiermechanismus der Kamera verbunden (gekoppelter Entfernungsmesser), sodass die Rückwärts- und Vorwärtsbewegung der Objektivteile beim Einstellen der Schärfe über einen Einstellhebel weitergegeben werden kann. Die Darstellung des Entfernungsmessers wird dadurch so angepasst, dass sich der Fotografierende beim Blick in das Sucherokular auf das Einstellen der Schärfe mit dem Fokusring oder Fokus-Schieberegler konzentrieren kann.

Nach dem Fokussieren kann der Abstand zum fokussierten Gegenstand auf der Entfernungsskala am Objektiv abgelesen werden. Diese Information ist nützlich für die Berechnung der Schärfentiefe und die Einstellung der Blitzbelichtung.

Der Aufbau eines Entfernungsmessers variiert von Kamera zu Kamera. Die wichtigsten Bestandteile sind der Drehspiegel (oder das Drehprisma) und der Strahlteiler (ein halbdurchlässiger Spiegel, der das Licht zu gleichen Teilen reflektiert und durchlässt). Der Drehspiegel reflektiert das Bild aus dem Messsucherfenster in den Strahlteiler, der es in das Sucherokular reflektiert, ohne den Blick durch das Sucherfenster zu behindern. So funktioniert die Mischbild-Fokussierung bei einer Kamera, bei der Sucherokular und Entfernungsmesserokular zusammenfallen und die Bilder beider Fenster im Sucherbild überlagert werden. Das Bild ist dann scharf (also im Fokus), wenn die beiden Bilder konturgleich zur Deckung gebracht werden.

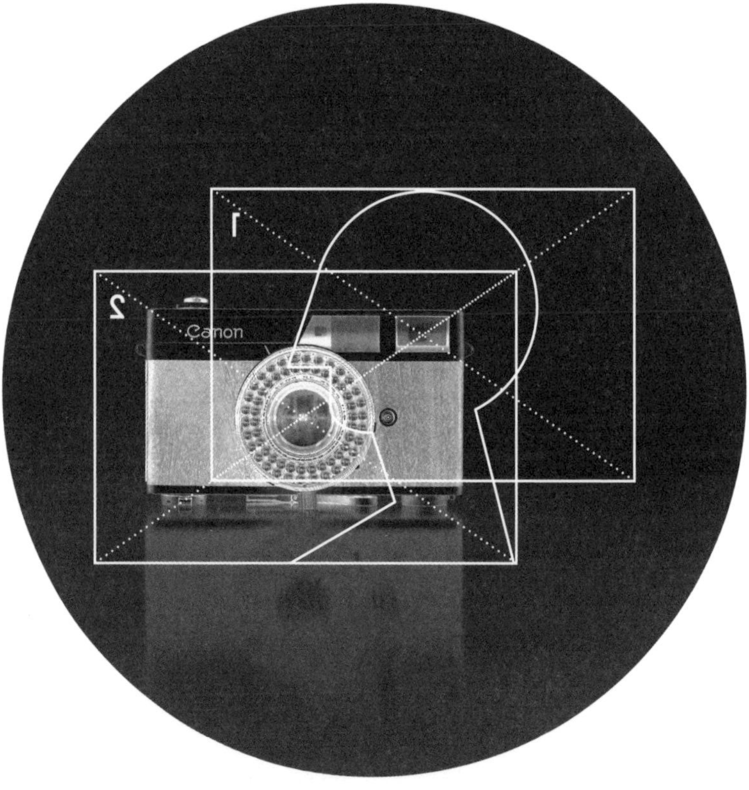

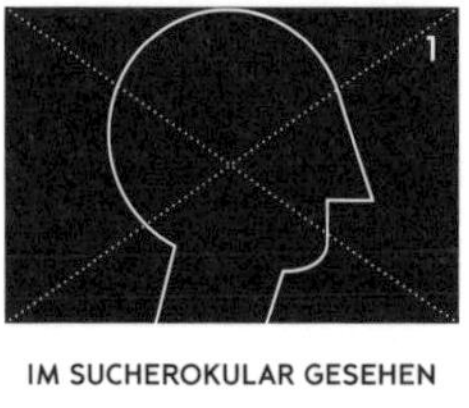

IM SUCHEROKULAR GESEHEN

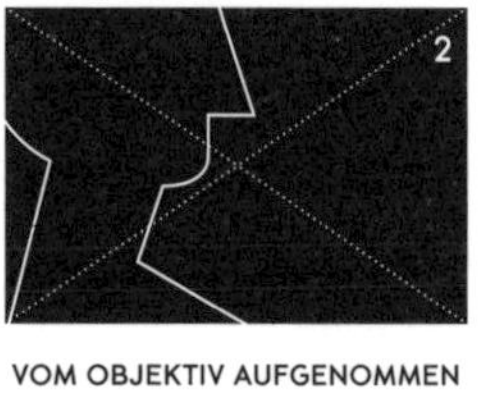

VOM OBJEKTIV AUFGENOMMEN

119 Messsucherkamera
130 Sucher
139 Bildbegrenzungsmarkierungen

Parallaxe

Der Begriff Parallaxe beschreibt den Unterschied zwischen dem, was der Fotografierende im Sucher sieht, und dem, was das Objektiv tatsächlich auf dem Film aufzeichnet. Diese Diskrepanz wird durch die Trennung zwischen Sucher und Aufnahmeobjektiv einer Messsucherkamera verursacht.

Das bedeutet, dass Sie bei einer Messsucherkamera keine vollständig realistische Vorschau von dem bekommen, was Sie später als Ergebnis erhalten: Sie wählen den Bildausschnitt für die Aufnahme mit dem Sucher, das Foto wird aber mit dem Objektiv aufgenommen, das normalerweise ein paar Zentimeter tiefer und seitlicher im Kamerageh äuse liegt. Dieser Parallaxenfehler tritt bei geringem Motivabstand am deutlichsten zutage und ist der Grund dafür, dass die meisten Messsucherobjektive keine geringere Naheinstellgrenze als etwa 1 Meter erreichen. Bei jedem kürzeren Motivabstand würde sich der Bildausschnitt von Sucher und Objektiv noch dramatischer unterscheiden, sodass das tatsächliche Ergebnis der Aufnahme so gut wie unvorhersehbar für den Fotografierenden wird. Im Beispiel links (von der Vorderseite der Kamera aus gesehen) zeigt Rahmen 1 an, was der Fotografierende im Sucher sieht, und Rahmen 2 das, was das Objektiv aufnimmt. Der Abstand zwischen beiden verdeutlicht die Diskrepanz zwischen Sucherbild und tatsächlicher Aufnahme ohne einen Parallaxenausgleich.

Parallaxenausgleich
Um Parallaxenfehler zu vermeiden, verfügen einige Messsucherkameras über einen automatischen Parallaxenausgleich, bei dem sich die Bildbegrenzungsmarkierungen im Sucher bewegen, um den Bildausschnitt beim Fokussieren neu einzufassen. Im Nahbereich werden die Bildbegrenzungsmarkierungen im Sucher zur optischen Achse des Objektivs hin korrigiert. Alle Bereiche außerhalb der Bildbegrenzungsmarkierungen werden bei der Aufnahme abgeschnitten. In manchen Fällen wird der Bildausschnnitt sogar minimal komprimiert, um die Verengung des Bildwinkels bei einer Vergrößerung des Abstands zwischen Objektiv und Film zu kompensieren.

TTL / Through-the-Lens

119 Messsucher- & SR-Kameras
092 Belichtungsmesser
130 Sucher
123 Parallaxe

TTL ist ein direkt aus dem Englischen übernommener Begriff (through the lens = durch das Objektiv), der in der Regel im Zusammenhang mit Spiegelreflexkameras verwendet wird. Er bezieht sich auf alle Belichtungsmessungsmethoden und Sucher, bei denen das Bild direkt durch das Objektiv der Kamera betrachtet wird.

Eine TTL-Messung ist bei allen Kameras möglich, bei denen sich direkt hinter der Objektivrückseite im Kameragehäuse ein Lichtsensor befindet. So werden die Lichtwerte eines Motivs präzise durch das Objektiv gemessen, statt durch ein separates Messfenster. Bei Kameras, bei denen der Belichtungsmesser am Kameragehäuse angebracht ist, sind diese Messvorgänge weniger exakt, da sie durch Streulicht beeinflusst werden können.

Analoge TTL-Sucher sind eigens so konzipiert, dass Sie als Fotografierender im Sucher genau das Bild sehen können, das durch das Objektiv aufgenommen wird: Hier erhalten Sie tatsächlich eine realistische Vorschau von dem, was Sie bekommen. Das ist vor allem deshalb erstrebenswert, weil es den Parallaxenfehler von Messsucherkameras eliminiert. Die Parallaxe entsteht dadurch, dass Sucher und Objektiv voneinander getrennt sind und unterschiedliche Ausschnitte des Bildes erfassen.

SVA / Spiegelvorauslösung

Die Spiegelvorauslösung ist eine Funktion einiger Spiegelreflexkameras. Durch Betätigen des SVA-Schalters einer Kamera wird der Schwingspiegel in der „nach oben geklappten" Position arretiert, um Berührungen mit dem hinteren Element eines Ultra-Weitwinkelobjektivs zu verhindern, das rein physisch weit in das Innere des Kameragehäuses hineinragen kann. Der Spiegel muss vor der Montage eines solchen Objektivs hochgeklappt und dann in dieser Position arretiert werden, um Schäden an Objektiv und Kamera zu vermeiden. Der SVA-Schalter operiert unabhängig von Auslöser und Filmtransporthebel und kann daher jederzeit aktiviert werden. Der Schwingspiegel klappt wieder in seine normale Position und Funktion zurück, sobald der Schalter für die Vorauslösung wieder in seine Ausgangsposition zurückgestellt wird.

Wenn der Spiegel in der hochgeklappten Position blockiert ist, ist das Motiv nicht mehr sichtbar durch das (zu diesem Zeitpunkt vollkommen blinde) Sucherokular. Der Spiegel befindet sich nicht in der angestammten Position, und kann das Licht folglich nicht vom Objektiv bis zum Pentaprisma reflektieren. Aus demselben Grund funktioniert auch ein TTL-Belichtungsmesser nicht, solange der Spiegel hochgeklappt und arretiert ist.

Die hochgeklappte Position des Schwingspiegels ist indes genau die Position, in die er klappt, um den Strahlengang nach Betätigung des Auslösers und kurz vor dem Öffnen des Verschlusses für die Belichtung des Films freizugeben. Der Spiegel kann also vorausgelöst und arretiert werden, sobald das Bild mit ruhiger Kameraführung oder einem Stativ aufgenommen und fokussiert wurde, um Bewegungsunschärfen durch Spiegelschlag zu vermeiden.

Bei manchen klassischen Spiegelreflexkameras kann es vorkommen, dass der Spiegel nach dem Auslösen des Verschlusses nicht mehr in die Standardposition zurückkehrt, sodass das Sucherbild verdunkelt bleibt. Das kann daran liegen, dass der Spiegel beim Hochklappen an einer beschädigten Schaumstoffdämmung im Kameragehäuse haften bleibt, oder daran, dass der Spiegelrücklaufmechanismus von einem Fachmann gewartet werden muss. Sie haben jedoch jederzeit die Möglichkeit, den Schwingspiegel mithilfe des SVA-Schalters manuell in seine Ausgangsposition zurückzuklappen (und so die freie Sicht durch das Sucherokular wiederherzustellen).

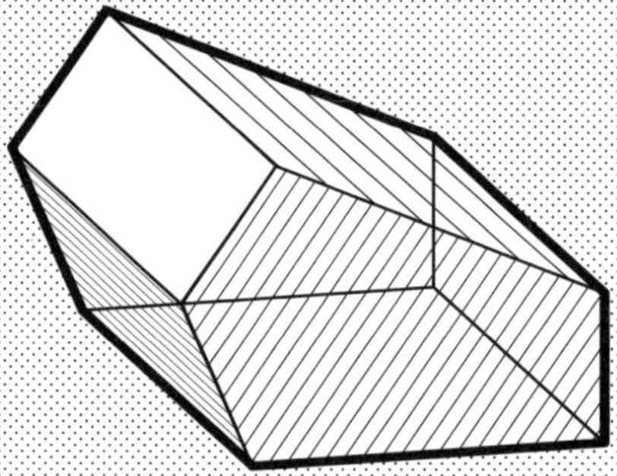

PENTAPRISMA

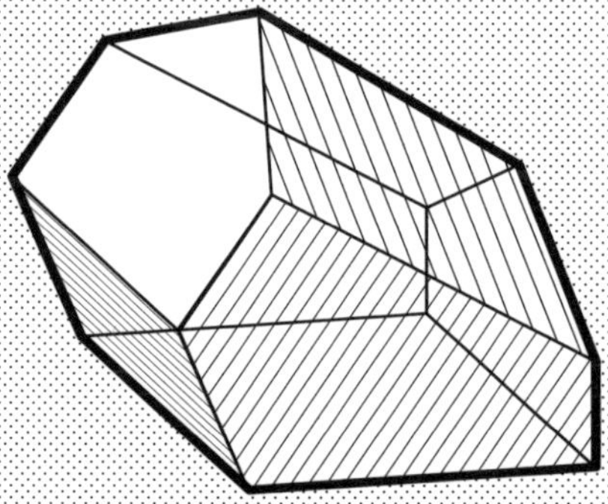

DACHKANTPENTAPRISMA

119 Spiegelreflexkameras
124 TTL / Through-the-lens
129 Spiegel- & Dachkantpentaprisma

Pentaprisma und Dachkantpentaprisma

Ein Pentaprisma ermöglicht es dem Benutzer einer Spiegelreflexkamera, die originalgetreue Vorschau einer Aufnahme direkt durch das Objektiv hindurch (TTL) im Sucherokular zu sehen.

Ein Objektiv erzeugt grundsätzlich ein sowohl vertikal als auch horizontal invertiertes Bild. Der Schwingspiegel einer Spiegelreflexkamera kann das Bild zwar über die vertikale Achse zurückdrehen und, wieder auf die Beine stellen", es bleibt bis hierhin aber seitenverkehrt.

Ein normales Pentaprisma ist ein fünfseitiges optisches Bauelement aus Glas, mit dem ein Lichtstrahl um insgesamt 90° umgelenkt wird. Das Licht wird im Inneren des Prismas zweimal zu je 45° reflektiert und ermöglicht es somit, ein Bild im rechten Winkel zu neigen, ohne seine Seiten zu verkehren.

Spiegelreflexkameras benötigen daher eine Variante des Pentaprismas, die das Licht nicht nur um 90° umlenkt, sondern auch seitlich (links-rechts) verkehrt. Beim Dachkantpentaprisma (auch Dachkantprisma) wird eine der ebenen Spiegelflächen durch eine Art „Dachkonstruktion" ersetzt: zwei zusätzliche Flächen, die rechtwinklig zueinander stehen. In Kombination mit dem Schwingspiegel kann der Lichtstrom des Objektivs so in einen auf Augenhöhe liegenden Sucher reflektiert werden, dass das Bild dem Fotografierenden „normal" (also sowohl horizontal als auch vertikal gesehen richtig herum) angezeigt wird (Abbildung auf der folgenden Seite).

Dies vermeidet das Problem des Messuchersystems zweiäugiger Spiegelreflexkameras (Englisch TLR für Twin-Lens Reflex), bei denen das Bild im Sucher seitenverkehrt abgebildet wird. Das erschwert die Bildausrichtung erheblich und verwirrt bei dem Versuch, der Bewegung eines Motivs zu folgen. Die charakteristische Erhebung an der Oberseite einer Spiegelreflexkamera zeigt, wo sich das Pentaprisma befindet.

Spiegel & Dachkantpentaprisma

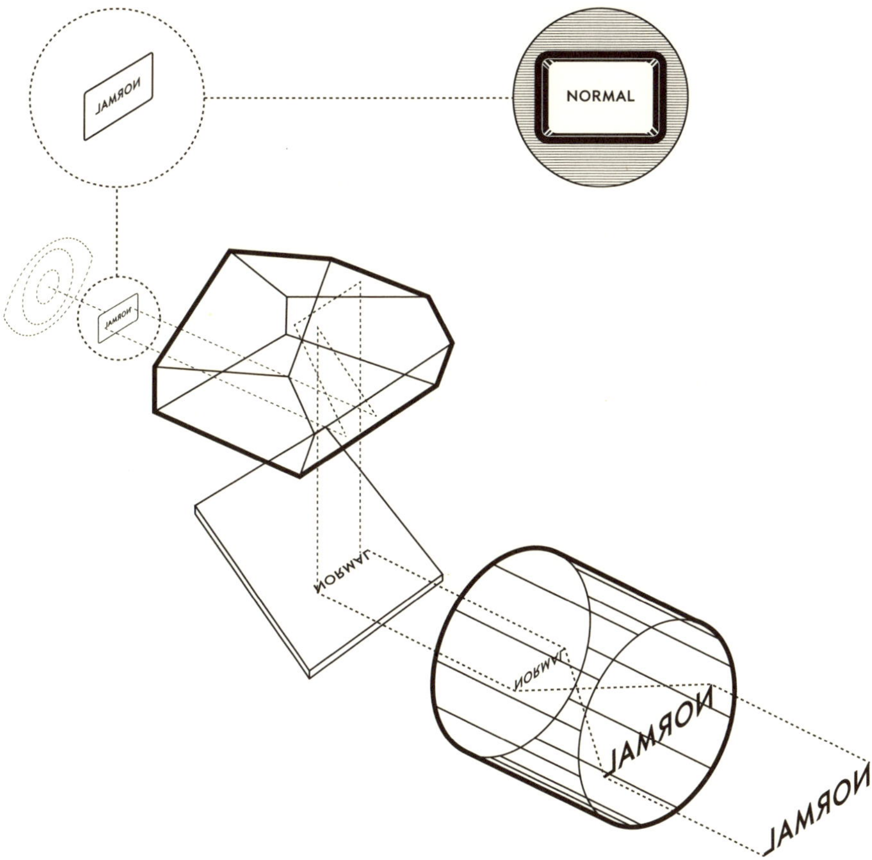

Sucher: Messsucherkamera

119 Messsucher- & SR-Kameras
140 Fokussieren einer Messsucherkamera
142 Fokuspunkt eines Mischbild-Entfernungsmessers
139 Bildbegrenzungsmarkierungen
123 Parallaxe
092 Belichtungsmesser
077 Belichtung

Der Sucher einer Messsucherkamera ist ein optisches System, das nicht mit dem Objektiv verbunden ist. Beim Blick in das Sucherokular blicken Sie durch das Sucherfenster, das dem Sucherokular direkt gegenüber liegt. Bei einer Spiegelreflexkamera blicken Sie dagegen durch das Objektiv.

Bei älteren Kameras konnte sich neben dem Sucherokular, das für die Wahl des Bildausschnitts verwendet wird, ein separates Entfernungsmesserokular für die Fokussierung des Bildes befinden. Heute sind solche Kameras mit zwei getrennten Okularen jedoch eher selten zu finden, da die Zusammenlegung beider Vorgänge in einem Messsucherokular viel praktischer und üblicher ist. Der Blick aus dem Entfernungsmesserfenster wird über eine Reihe von Prismen oder Spiegeln in die Mitte des Sucherbildes eingeblendet, sodass Sie Ihren gewünschten Bildausschnitt in einem einzigen Arbeitsschritt wählen und fokussieren können. Der Bildbereich, den Sie von der Mitte des Entfernungsmesserfensters aus sehen, wird Ihnen bei der Mischbild-Fokussierung als Fokuspunkt im Sucherokular eingeblendet.

Wenn Sie einen Eindruck von der mechanischen Funktionsweise eines kombinierten Messsuchersystems erhalten möchten, bedecken Sie das Entfernungssucherfenster an der Vorderseite der Kamera. Sie werden feststellen, dass der Fokuspunkt beim Blick durch das Sucherokular verschwindet. Wenn Sie beim Blick durch das Okular das Sucherfenster auf der Kameravorderseite abdecken, sehen Sie entsprechend nur das Fokussierfeld.

Bei den meisten Kameras mit kombiniertem Messsucherokular sehen Sie auch Rahmenlinien (Bildbegrenzungsmarkierungen), die den Bereich anzeigen, der auf Ihrem Film aufgenommen wird. Diese können sich beim Anpassen des Schärfeverlaufs bewegen, um Parallaxenfehler zu kompensieren. Wenn die Kamera einen eingebauten Belichtungsmesser verwendet, wird im Sucherbild auch eine Belichtungsskala mit einer Messnadel angezeigt.

119 Messsucher- & SR-Kameras
124 TTL / Through-the-Lens
129 Spiegel- & Dachpentaprisma
141 Fokussieren einer Spiegelreflexkamera
068 Verschlusszeit
092 Belichtungsmesser

Sucher: Spiegelreflexkamera

Bei einer Spiegelreflexkamera blicken Sie im Sucherokular mithilfe der Reflexionen von Spiegel und Dachkantpentaprisma direkt durch das Objektiv. Auf der Vorderseite des Kameragehäuses befindet sich entsprechend kein Sucherfenster, da das Objektiv selbst das Fenster ist. Sie sehen im Sucher also genau das Bild, das das Objektiv aufnimmt. Sie erhalten nicht nur eine realistische Vorschau von BIldkomposition und Bildbegrenzung, sondern auch des genauen Blickwinkels und der genauen Perspektive: Was Sie sehen, ist das Ergebnis, das Sie erhalten.

In der Mitte des Suchers befindet sich ein Fokusfeld. Möglicherweise sehen Sie auch eine Verschlusszeitenskala und eine Bellichtungsskala, wenn die Kamera über einen eingebauten Belichtungsmesser verfügt.

Sucher: Messsucherkamera

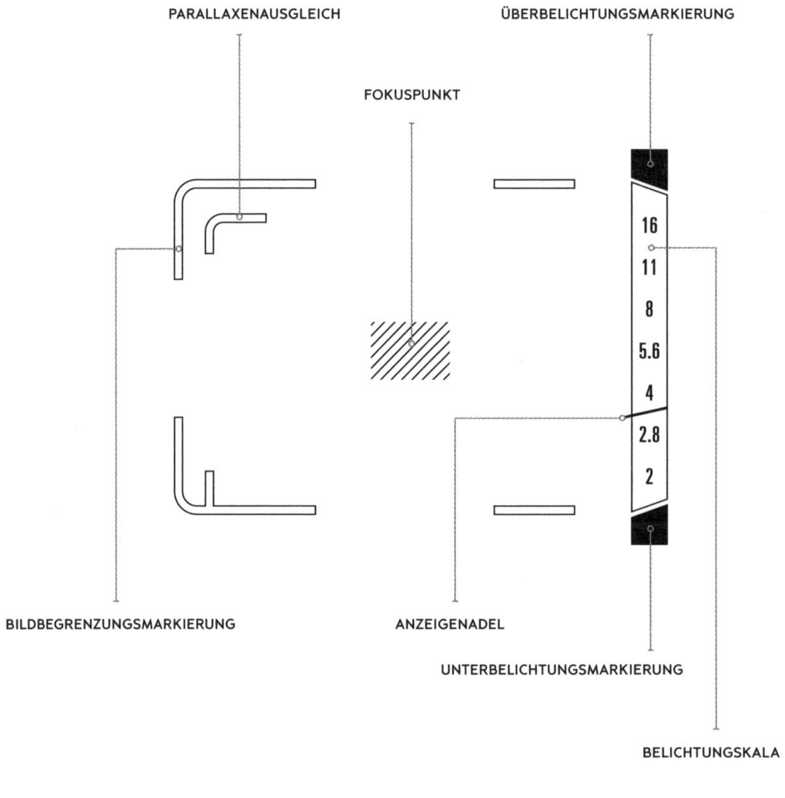

Sucher: Spiegelreflexkamera

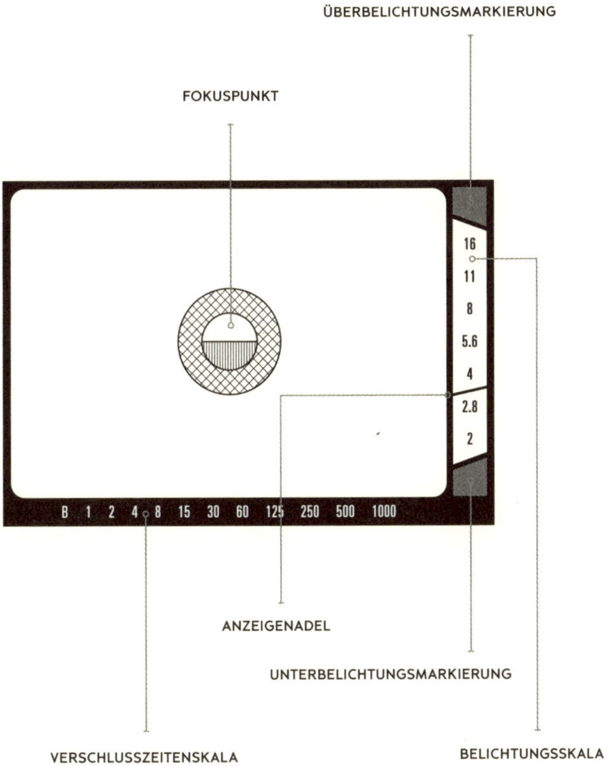

Es gibt viele verschiedene Varianten von Sucherbildern, die je nach Hersteller und Baujahr der Kamera variieren. Diese Abbildungen zeigen allgemeine Beispiele, um die typischen Funktionen zu illustrieren. Sie entsprechen möglicherweise nicht exakt dem, was Sie in Ihrem Sucher sehen.

Sucher: Messsucherkamera

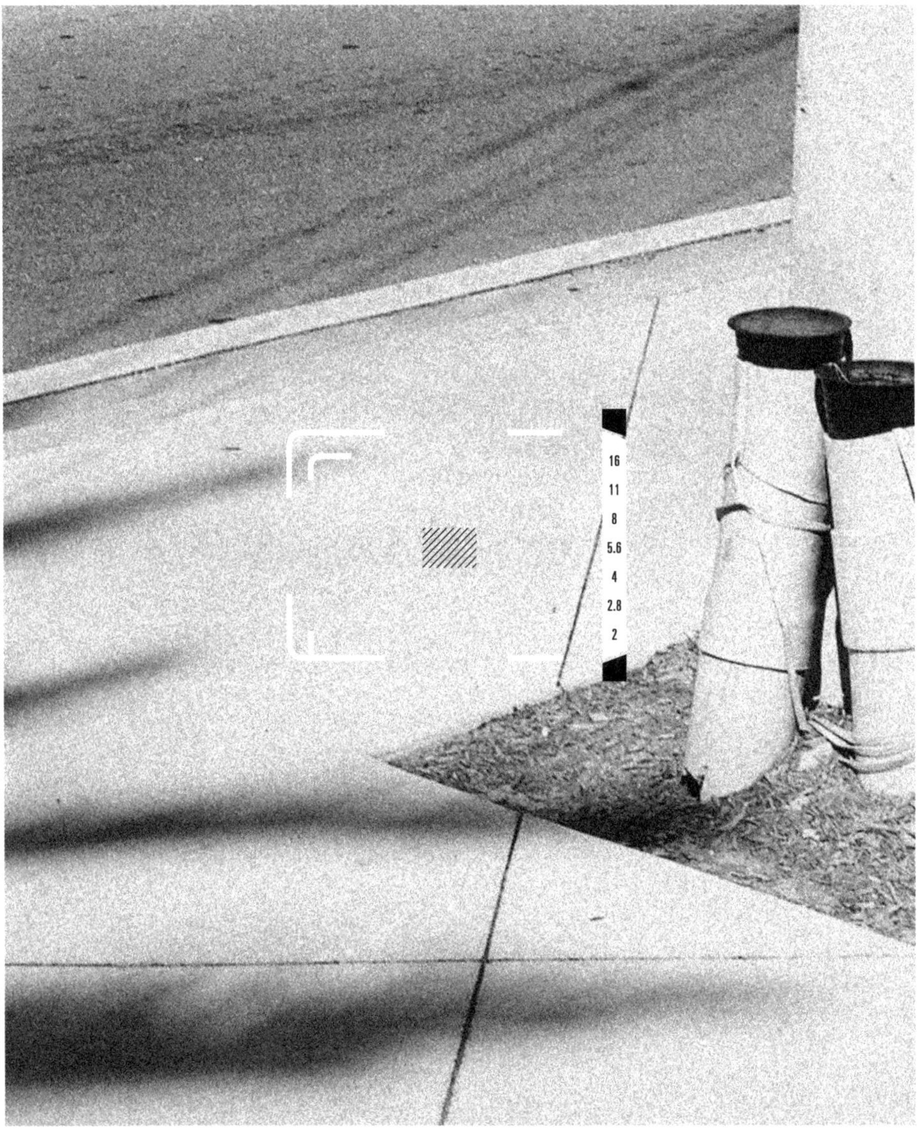

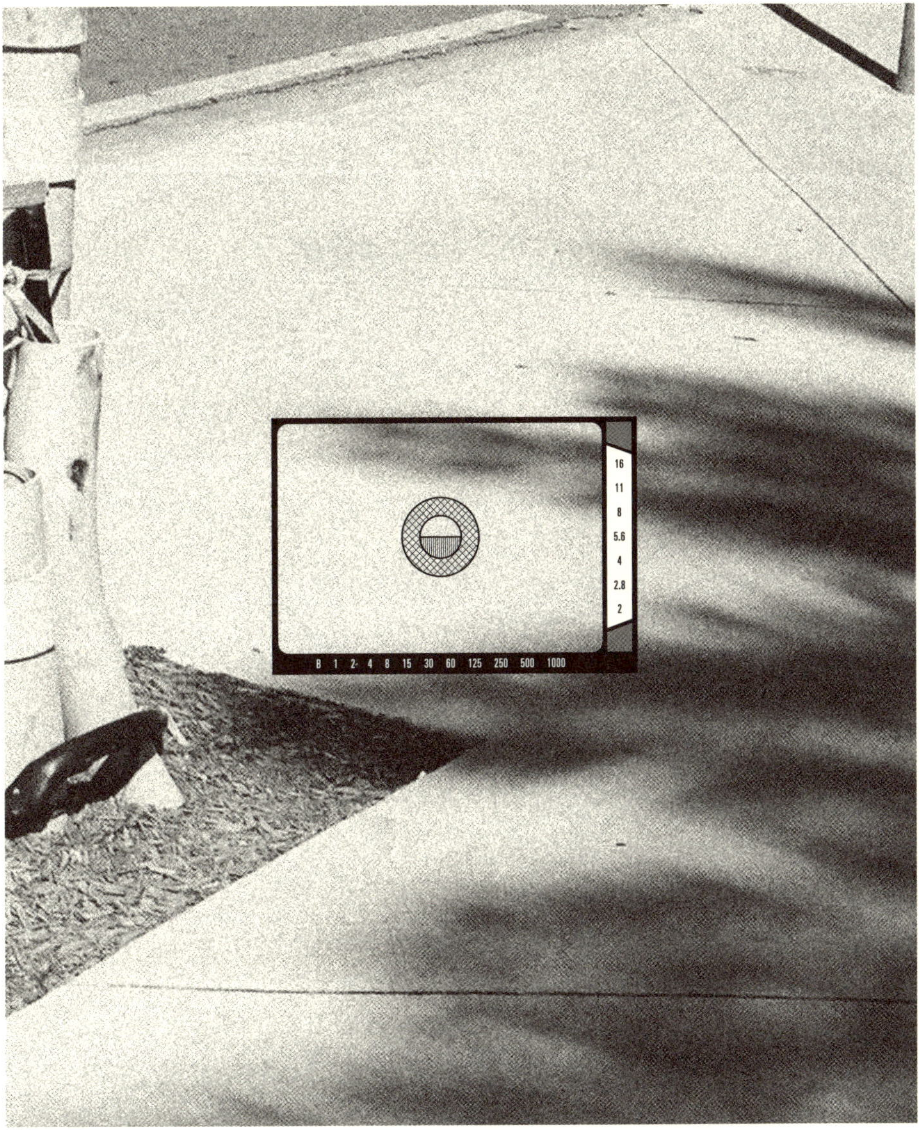
16
11
8
5.6
4
2.8
2
B 1 2 4 8 15 30 60 125 250 500 1000

Sucher: Halbformat

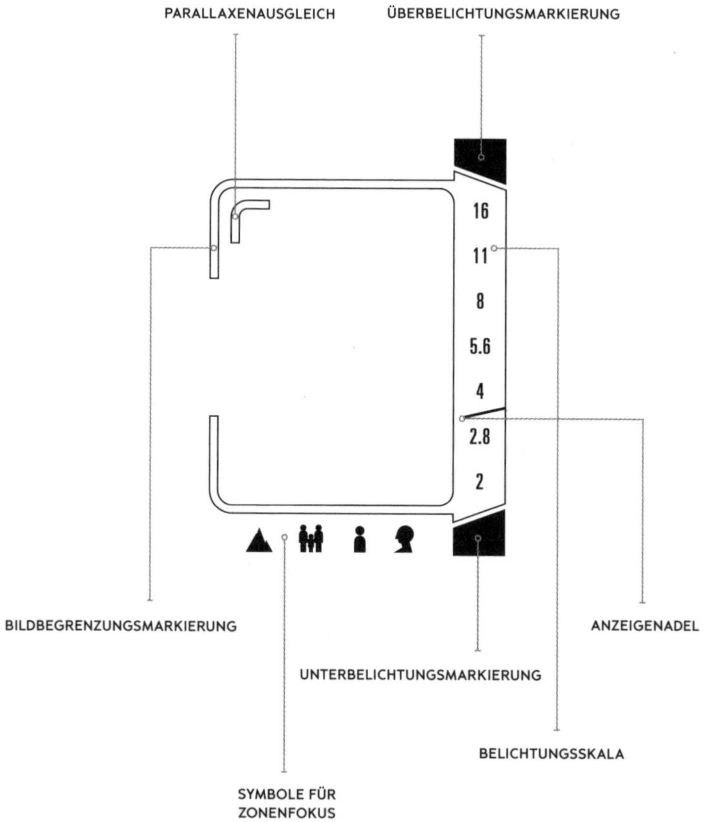

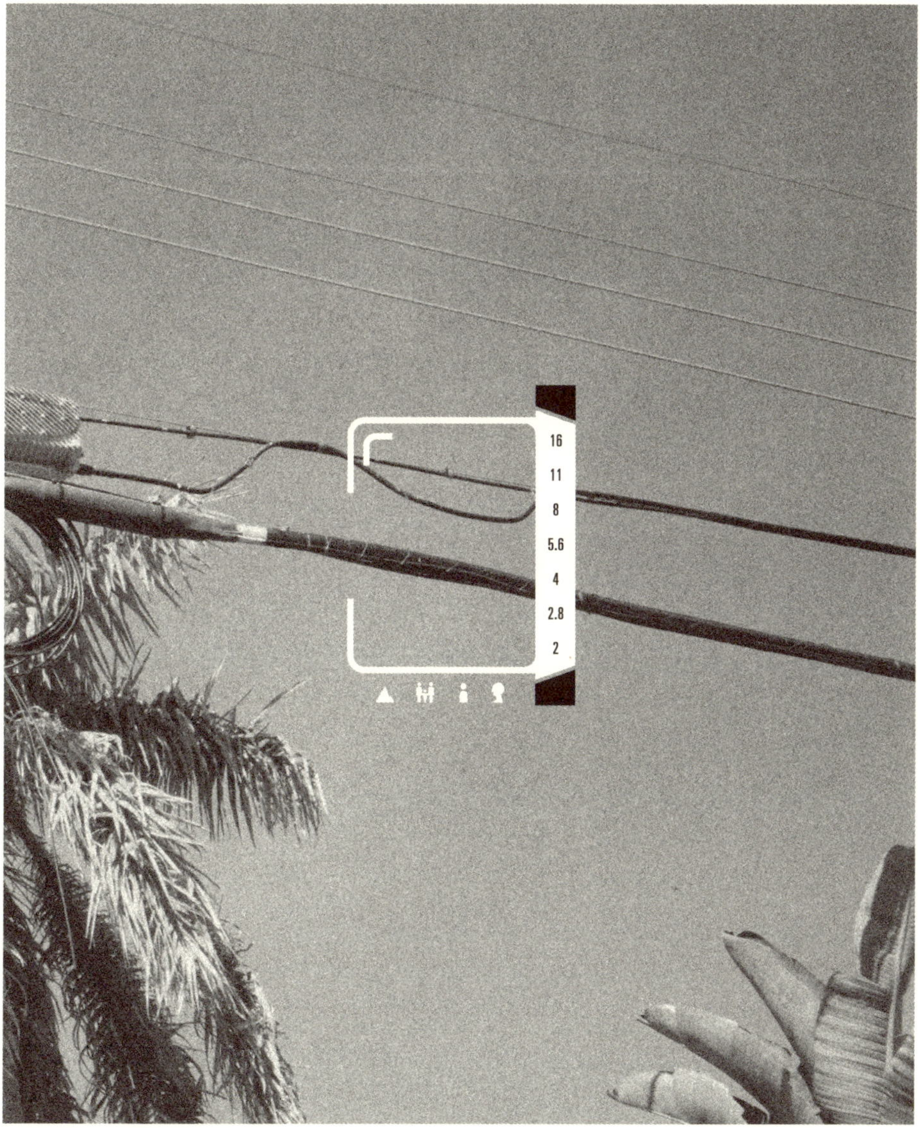
16
11
8
5.6
4
2.8
2

Sucher
Vergrößerung & Helligkeit

Der Begriff der Vergrößerung bezieht sich auf die Größe der Darstellung des Bildes im Sucher. Bei einer Kamera mit Wechselobjektiv wird die Vergrößerung für ein 50-mm-Normalobjektiv angegeben, das auf unendlich fokussiert ist. Eine Vergrößerung von 1x entspricht dem gleichen Sehwinkel wie bei der Ansicht mit bloßem Auge (ohne optische Hilfsmittel). Höhere Vergrößerungen ergeben ein größeres Bild im Sucher und ermöglichen eine höhere Schärfe, erschweren es aber unter Umständen, den gesamten Bildausschnitt und die eingeblendeten Messwerte im Sucher zu sehen, ohne den Blick innerhalb des Suchers verlagern zu müssen.

Die meisten Sucher lassen das gesamte Motiv kleiner erscheinen, als es bei Betrachtung mit bloßem Auge ist. Ein Sucher mit 0,65-facher Vergrößerung lässt das Motiv etwa um ein Drittel kleiner als in der tatsächlichen Größe erscheinen.

Manche Messsucherkameras mit Wechselobjektiven sind in der Lage, die Vergrößerung im Sucher um bis zu 1,5x zu erhöhen, um die Schärfeeinstellung präziser und einfacher zu machen. Die variable Vergrößerung im Sucher wird auch verwendet, um das Sichtfeld (oder die Bildbegrenzung) entweder im Sucher oder mit speziellen Sucheradaptern optimal an die Brennweiten der verschiedenen Objektive anzupassen. Dies ist kein Problem bei Kameras mit Festobjektiv oder Spiegelreflexkameras.

119 Messsucher- & SR-Kameras
048 Brennweite
123 Parallaxe
092 Belichtungsmesser
043 Apertur / Blende
082 Belichtungswert (EV)
077 Belichtung
068 Verschlusszeit

Sucherhelligkeit
Die Helligkeit des Suchers bezieht sich darauf, wie hell oder dunkel das Bild im Sucher einer Kamera angezeigt wird. Ein Sucher mit einer höheren Helligkeitseinstellung ermöglicht es, das Bild auch bei schlechten Lichtverhältnissen genau zu rahmen und zu fokussieren. Die Sucherhelligkeit wird in Benutzerhandbüchern nicht gemessen oder spezifiziert, und in den meisten Fällen nur mit einer Angabe wie „heller Sucher" beschrieben.

Bildbegrenzungsmarkierungen
Das Sichtfeld im Sucher von Messsucherkameras kann größer sein als der Bildausschnitt, den das Objektiv tatsächlich abdeckt, und damit auch größer als das auf dem Film aufgenommene Bild. Der tatsächlich vom Objektiv erfasste Bildausschnitt wird im Sucher durch helle Rahmenlinien markiert (die aus dem Rahmenbeleuchtungsfenster in den Sucher überblendet werden). Der überschüssige Bildbereich außerhalb dieser Bildbegrenzungsmarkierungen lässt dem Objektiv Raum, die Markierungen zum Ausgleich von Parallaxenfehlern zu bewegen. Die Begrenzungsmarkierungen selbst ermöglichen eine exakte Bildkomposition bis zum Rand des aufzunehmenden Bildes. Alles, was außerhalb dieser Markierungen liegt, wird nicht im Bild erfasst. Ein weiterer Bonus dieses überschüssigen Bereiches ist, dass Sie in Bewegung befindliche Motive und Gegenstände sehen können, bevor sie ins Bild gelangen.

Messwerte im Sucherbild
Kameras mit eingebautem Belichtungsmesser blenden im Sucher an einer der vier Bildbegrenzungsmarkierungen eine Belichtungsskala ein. Die Skala befindet sich meist auf der rechten Seite, wo eine Anzeigenadel die empfohlene Blendenstufe und den empfohlenen Lichtwert anzeigt. Bei anderen Geräten wird eine Indexmarkierung eingeblendet, gegen die die Anzeigenadel zentriert werden muss, um die richtige Belichtungseinstellung zu wählen. Die Belichtungsskala ist zu beiden Enden (oben und unten) durch einen markierten Bereich begrenzt, der zur adäquaten Belichtung des Bildes eine Überbelichtung oder Unterbelichtung anzeigt. Auch die gewählte Verschlusszeit kann im Sucher angezeigt werden.

Fokussieren einer Messsucherkamera

Fokuspunkt eines Mischbild-Entfernungsmessers (S.142)
Wenn Sie durch den Entfernungsmesser (oder in das Sucherokular einer Messsucherkamera) blicken und den Fokus einstellen, sehen Sie zwei Bilder, die innerhalb eines vergleichsweise hellen (quadratischen, diamantförmigen oder rechteckigen) Bereichs in der Mitte der Bildbegrenzungsmarkierungen mehr oder weniger über- oder nebeneinander liegen. Durch Einstellen des Fokusrings und Anpassen der Schärfe wird eines der überlappenden Bilder seitwärts verschoben. Wenn die Kamera ein bestimmtes Motiv nicht scharf fokussiert, sind die beiden Bilder in diesem hellen Fokusbereich voneinander getrennt und ergeben so ein überlappendes Mischbild. Wenn die beiden Bilder perfekt zur Deckung gebracht werden und zu einem konturscharfen Bild verschmelzen, ist das Motiv fokussiert.

Fokussieren einer Spiegelreflexkamera

Mikroprisma (S.144)
Bei einem Mikroprismen-Entfernungsmesser ist das Motiv dann fokussiert, wenn das Bild im Mikroprismenfleck in der Bildmitte klar und scharf ist. Wenn Ihr Motiv nicht scharfgestellt ist, zerlegt das Mikroprisma das Bild in ein feines Gittergeflecht aus winzigen Fragmenten oder Dreiecken.

Schnittbild (S.145)
Bei einem Schnittbild-Entfernungsmesser befindet sich in der Bildmitte ein Kreis, der horizontal in zwei Hälften geteilt ist. Ähnlich wie beim Mischbild-Entfernungsmesser ist das Bild dann scharf fokussiert, wenn die beiden Kreishälften perfekt übereinander ausgerichtet sind. Diese Fokussierhilfe eignet sich besonders für Motive mit vertikalen Bildlinien (wie Laternenmasten oder Bäumen). Sie funktioniert allerdings am besten mit Objektiven mit relativ kurzen Verschlusszeiten, da es bei längeren Verschlusszeiten (f/4 und länger) schwierig sein kann, die beiden Hälften des Fokusbildes klar zu definieren, insbesondere bei schlechten Lichtverhältnissen.

Schnittbild-Mikroprisma (S.146)
Einige Objektive kombinieren die beiden oben beschriebenen Methoden zu einem Schnittbildkreis mit umliegendem Mikroprismenring, um so die Vorzüge beider Techniken zu vereinen.

Fokuspunkt eines Mischbild-Entfernungsmessers

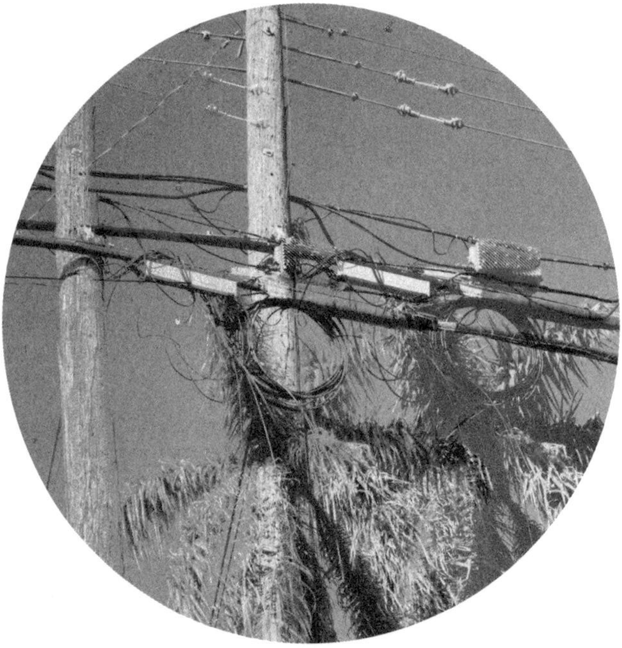

[nicht fokussiert]

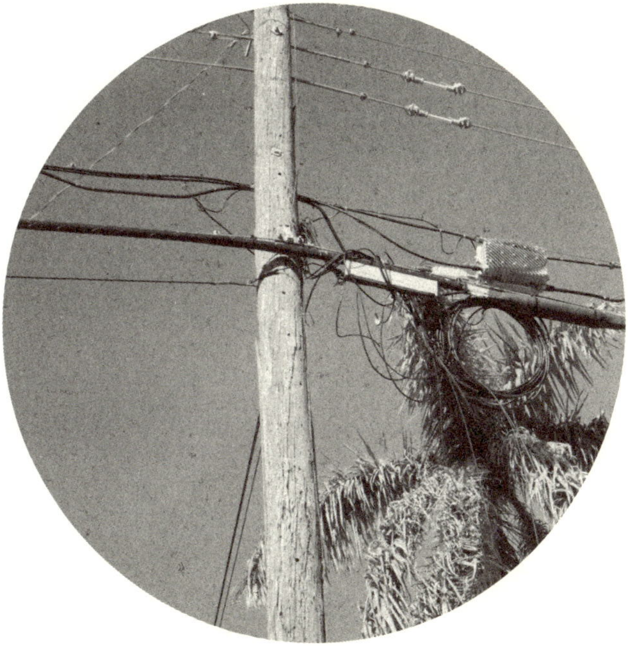

[fokussiert]

Mikroprismenring einer Spiegelreflexkamera

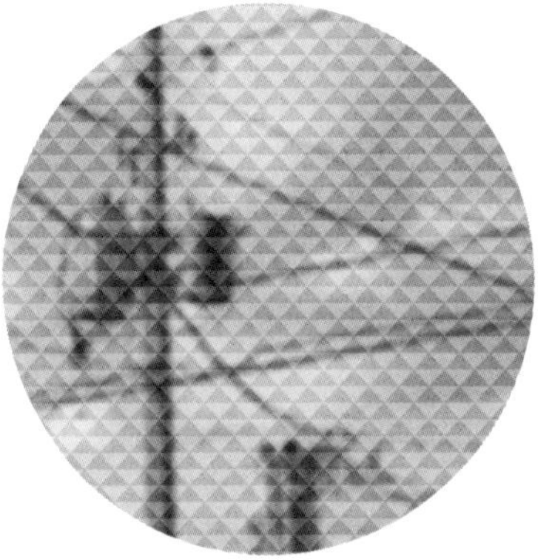

[nicht fokussiert]

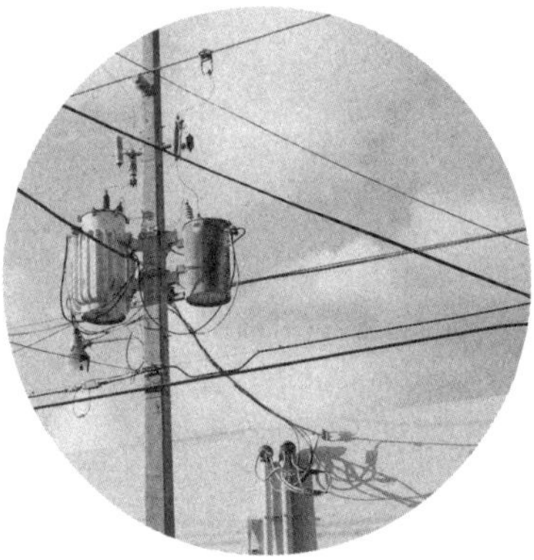

[fokussiert]

Schnittbildindikator einer Spiegelreflexkamera

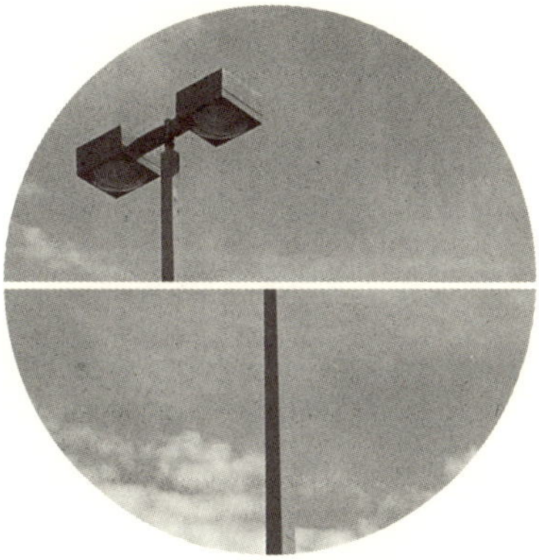

[nicht fokussiert]

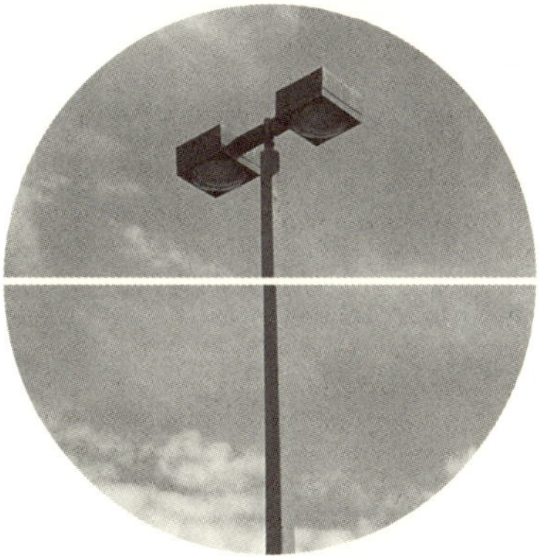

[fokussiert]

Schnittbildindikator & Mikroprismenring einer Spiegelreflexkamera

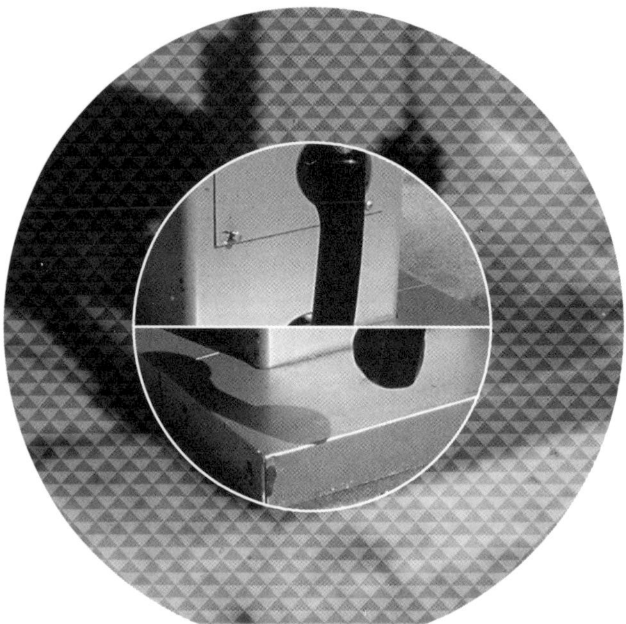

[nicht fokussiert]

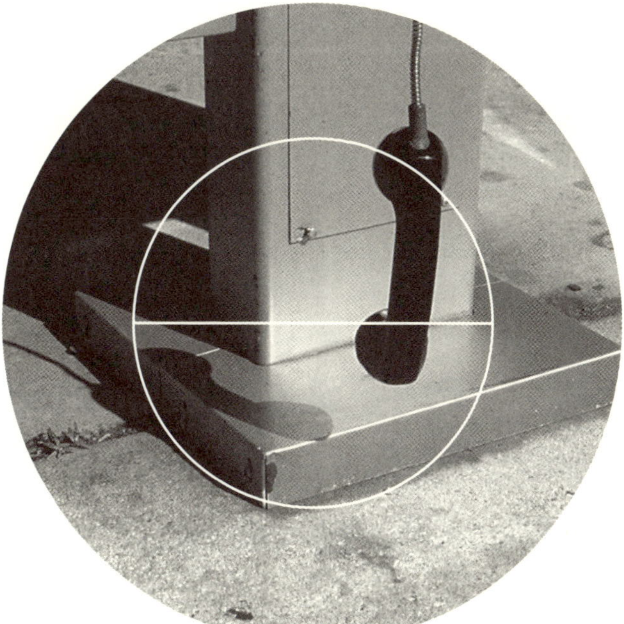

[fokussiert]

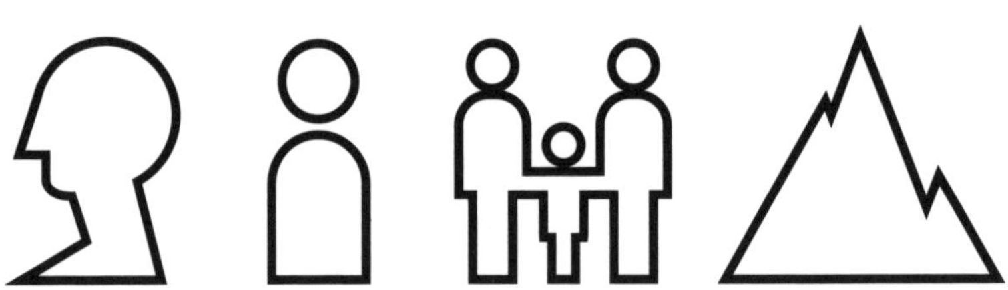

020 Entfernungsskala
130 Sucher
159 Vollformat & Halbformat
136 Sucher: Halbformat

Zonenfokus

Der Zonenfokus ist eine Fokussierhilfe, bei der der Fotografierende die Entfernung zwischen Kamera und Motiv einschätzen und den Fokus mithilfe einer auf dem Kameraobjektiv abgebildeten Entfernungsskala voreinstellen kann. So wird ein bestimmter Bereich fokussiert und als Schärfentiefebereich definiert. Der Zonenfokus wird am häufigsten in der Schnappschussfotografie verwendet, bei der Sie keine Zeit haben, um den Fokus durch den Sucher einzustellen, und Ihre Fotos sprichwörtlich „aus der Hüfte schießen".

Auch kompakte Kameras (insbesondere Halbformatkameras), die zwar manuell fokussieren aber keine präzise Fokussiertechnik im Sucher bieten, können eine Art Zonenfokus verwenden. Sie verfügen häufig über vereinfachte Fokussierhilfen, die in drei oder vier Entfernungseinstellungen unterteilt und mit entsprechenden Symbolen gekennzeichnet sind, um die Handhabung zu erleichtern. Diese Werte gelten jeweils spezifisch für die Brennweite des Objektivs, auf dem sie abgebildet sind.

Symbol	Entfernung
Portrait	Nah
Kopf - Hüfte	Nah - Mittel
Gruppe	Mittel
Landschaft	Ferne

150–175

FILM & FILTER

159 Vollformat
154 Negativ- und Diafilm
075 Filmempfindlichkeit

35-mm-Film

35-mm-Film (auch Normalfilm) wurde um die Wende zum 20. Jahrhundert ursprünglich für die Aufzeichnung von Bewegtbildfilmen entwickelt. Seine Flexibilität und Länge sollten sich allerdings auch für die Stehdbildfotografie eignen: Auf jeder Filmrolle konnte eine relativ große Anzahl von Belichtungen gemacht werden, und der Film ließ sich dennoch eng und kompakt in die Kamera aufrollen. 1913 wurde die Bildgröße für die Stehbildfotografie auf 24×36 mm (das heutige Vollbildformat) festgelegt und die ersten 35-mm-Kleinbildkameras mit Schwarzweißfilm der Öffentlichkeit zugänglich gemacht.

Obwohl die Farbfotografie fast so alt ist wie die Schwarzweißfotografie, wurde sie erst 1936 einer breiten Öffentlichkeit zugänglich, als Kodak den ersten modernen Farbfilm auf den Markt brachte: Kodachrome (ASA 10), ein 35-mm-Diapositiv-Film. Obwohl er damals 3,50 Dollar pro Film kostete (das entspricht heute 50 Dollar), war er der erste kommerziell erfolgreiche Amateur-Farbfilm.

Der Farbfilm war im Vergleich zum Schwarzweißfilm nicht nur teuer, sondern auch wesentlich weniger lichtempfindlich und erforderte oft den Einsatz großer und unhandlicher Blitzröhren. Nur um Ihnen einen Eindruck von den Unterschieden in der Filmempfindlichkeit zu geben: Kodak führte 1954 TRI-X ein, einen 35-mm-Schwarzweißfilm mit einer hohen Filmempfindlichkeit von ASA 400. Der vergleichsweise wenig empfindliche Kodak High Speed Ektachrome wurde bei seiner Einführung fünf Jahre später (1959) zum schnellsten Farbfilm auf dem Markt: mit einer Filmempfindlichkeit von ASA 160.

1961 erschien mit Kodachrome II (ASA 25) eine vielseitigere Version des Original-Kodachrome, die zwar eine höhere, aber relativ betrachtet immer noch nicht besonders hohe Lichtempfindlichkeit hatte. Obwohl sie die Farbfotografie für das breite Publikum attraktiver machte, wurde sie nach wie vor eher für Reisefotos und besondere Anlässe verwendet.

Bis 1970 waren die Preise erschwinglicher geworden und die Filmempfindlichkeit hatte sich verbessert. Die klobigen Blitzröhren wurden durch elektronische Blitzgeräte ersetzt und Farbfilme zum Standard für Schnappschüsse. Ein Beweis für den Erfolg des 35-mm-Films ist die Tatsache, dass er bis zum Aufkommen der digitalen Fotografie um die Wende zum 21. Jahrhundert hin das bei weitem meistverwendete Filmformat blieb. Er ist nach wie vor der beliebteste und am besten verfügbare Film für analoge Fotografie, obwohl es durchaus andere Formate gibt wie den 120er-Rollfim für Mittelformatkameras und großformatige Planfilme (auch Blattfilm).

Negativfilm & Diafilm

077 Belichtung
075 Filmempfindlichkeit
173 Konversionsfilter

Grundlegend unterscheidet man zwischen zwei Arten fotografischen Films: Negativfilm und Diafilm. Negativfilm (der bei der Entwicklung des eigentlichen Bildes umgekehrt wird) wird für positive Farb- oder Schwarzweißabzüge verwendet. Diafilm (Umkehrfilm) ist in der Regel nur in Farbe erhältlich und ermöglicht die Entwicklung positiver Folien für die Darstellung mit einem entsprechenden Diaprojektor.

Farbnegativfilm bietet den Vorteil eines größeren Belichtungsspielraums (einen höheren Toleranzbereich des lichtempfindlichen Films). Das bedeutet, Sie können bis zu 3 Blendenstufen über- oder unterbelichten und erhalten dennoch eine akzeptable Abbildung der Bilddetails auf ihren Abzügen. Farbnegativfilm ist außerdem mit höheren Filmempfindlichkeiten verfügbar. Mit einem Belichtungsspielraum von nur 1 Blendenstufe ist der Diafilm weitaus weniger fehlertolerant, bietet aber eine höhere Farbtreue bei gleichzeitig höherem Kontrast. Er ist im Allgemeinen weniger lichtempfindlich und hat daher eine feinere, weniger wahrnehmbare Körnung. Als Filmkorn wird die individuelle optische Textur des fotografischen Films bezeichnet, die je nach Material mit zunehmender Filmempfindlichkeit deutlicher auf dem entwickelten Film sichtbar ist, insbesondere bei Bildern mit gleichmäßigem oder zartem Farbton.

Die Farbabstimmung von Farbfilm ist entweder für Tageslicht oder für Kunstlicht geeignet. Tageslichtfilme, die bei Kunstlicht verwendet werden, erzeugen Bilder mit einem warmen, orangefarbenen Stich. Kunstlichtfilme, die bei Tageslicht verwendet werden, erzeugen dagegen einen bläulichen Farbstich. Um diesen Effekten entgegenzuwirken können Konversionsfilter verwendet werden, aber im Idealfall sollte von Vornherein der geeignete Filmtyp gewählt werden, um mit der gegebenen Beleuchtung möglichst echte Farben aufzunehmen. Schwarzweißfilme funktionieren mit allen gängigen Lichtquellen.

Es gibt viele verschiedene Herstellermarken und Typen von Dia- und Negativfilmen, die jeweils unterschiedliche Bildqualitäten und -eigenschaften bieten.

075 Filmempfindlichkeit
107 Bewegungsunschärfe
068 Verschlusszeit
110 Schärfste Blende

Auflösung & Schärfe

Die Angabe der Filmempfindlichkeit vermittelt zwar eine Vorstellung von der Schärfe der Aufnahmen (besonders bei Filmen mit niedriger Empfindlichkeit und feiner Körnung), doch die Qualität der Fotos variiert je nach Filmtyp, Hersteller und Produktserie. Das Konzept der „Qualität" ist natürlich ein subjektives Maß; wir sprechen daher von der Auflösung, die durch die Fähigkeit des Films bestimmt wird, die feinsten Bilddetails aufzulösen; also dem „Auflösungsvermögen". Je höher das Auflösungsvermögen, desto feiner das Detail, desto höher die Auflösung, desto schärfer das Bild. (Verschiedene Filme erzeugen natürlich Bilder mit unterschiedlichen ästhetischen „Qualitäten" im Hinblick auf Farbsättigung, Hauttöne, Kontrast, Körnung und so weiter, unter denen die Schärfe je nach Präferenz des Fotografen nicht einmal die wichtigste ist.)

Das Auflösungsvermögen und die potentielle Auflösung eines Filmtyps wird durch seine Fähigkeit gemessen, im Filmlabor einen wahrnehmbaren Unterschied zwischen mikroskopisch kleinen Paaren benachbarter heller und dunkler Linien gleicher Breite innerhalb einem Millimeters aufzuzeichnen: Sie wird daher mit dem Maß „Linienpaare pro Millimeter (lp/mm)" ausgedrückt.

Eine Auflösung von 50 lp/mm besteht also aus insgesamt 100 Linien, von denen 50 dunkel und 50 hell sind. Dieselbe Auflösung kann auch als 50 Linien pro Millimeter (50 l/mm) ausgedrückt werden, bei diesem Maß würden dann nur die dunklen Linien berücksichtigt.

Neben der Filmempfindlichkeit ist vor allem der Preis eines Films ein guter Anhaltspunkt für seine Qualität. Teure, professionelle Filme können in der Regel mehr Linien pro Millimeter auflösen als günstigere Amateurfilme. Das jeweils angegebene Auflösungsvermögen des Films ist jedoch nur ein theoretischer Wert, der unter idealen Testbedingungen ermittelt wurde. Er lässt sich nicht verlustfrei in die Realität übersetzen, wo eine Vielzahl anderer Faktoren wie Fokus, Stabilität der Kamerahaltung, Verschlusszeit, Blendenöffnung, Beleuchtung und Kontrast eine Rolle spielen. Unter Berücksichtigung aller Faktoren ist es am wahrscheinlichsten, dass Sie nach Entwicklung Ihrer Bilder eine Auflösung erreichen, die in etwa zur Hälfte der vom Filmhersteller angegebenen möglichen Auflösung entspricht.

Die Auflösung ist außerdem abhängig vom Zusammenspiel zwischen Film und Objektiv. In der Regel hat ein hochwertiges Objektiv ein hohes Auflösungsvermögen, kann sein Potenzial aber nicht voll entfalten, wenn es mit einem billigen Film mit niedrigem Auflösungsvermögen kombiniert wird: Die Leistung des Objektivs wird also durch die Qualität des Films eingeschränkt. Ebenso wenig sinnvoll ist es, einen teuren Profi-Film mit einem eher minderwertigen Objektiv zu verwenden, das nur ein geringes Auflösungsvermögen erreicht.

Farbfilmentwicklung

C-41 ist die Bezeichnung des 1972 von Kodak eingeführten Standards für die Entwicklung von Farbnegativfilmen. Es ist bis heute das beliebteste Verfahren zur Filmentwicklung und wird in den meisten örtlichen Geschäften und professionellen Labors verwendet.

Das Verfahren **E-6** dient der Entwicklung von Farbdiafilmen. Es war früher überall verfügbar, wird heute aber in der Regel nur noch von professionellen Labors angeboten.

156 Farbfilmentwicklung
075 Filmempfindlichkeit
174 Filter für Schwarzweißfilm

Schwarzweißfilmentwicklung

Das in den 1870er-Jahren entwickelte Trockene Gelatineverfahren ist nach wie vor das Standardverfahren für Schwarzweißfilme und Druckpapier. Kommerziell wird es heute in der Regel nur noch von professionellen und spezialisierten Labors angeboten. Mit der richtigen Grundausstattung ist es jedoch relativ einfach, Schwarzweißfilme zu Hause zu entwickeln und auf Fotopapier zu drucken.

Schwarzweiß-Chromogenfilme ermöglichen die Aufnahme von Schwarzweißbildern, die ohne Weiteres mit dem C-41-Farbfilmentwicklungsverfahren entwickelt und auf Farbnegativpapier mit leichter Sepiatönung gedruckt werden können. Diese Filme erzeugen eine beeindruckende Schärfe mit sehr feiner Körnung – feiner als Schwarzweißfilme mit äquivalenter Filmempfindlichkeit. Der Film verhält sich bei der Verwendung von Farbfiltern wie ein herkömmlicher Schwarzweißfilm, und die Negative können verwendet werden, um in der heimischen Dunkelkammer Abzüge auf Schwarzweißpapier zu drucken.

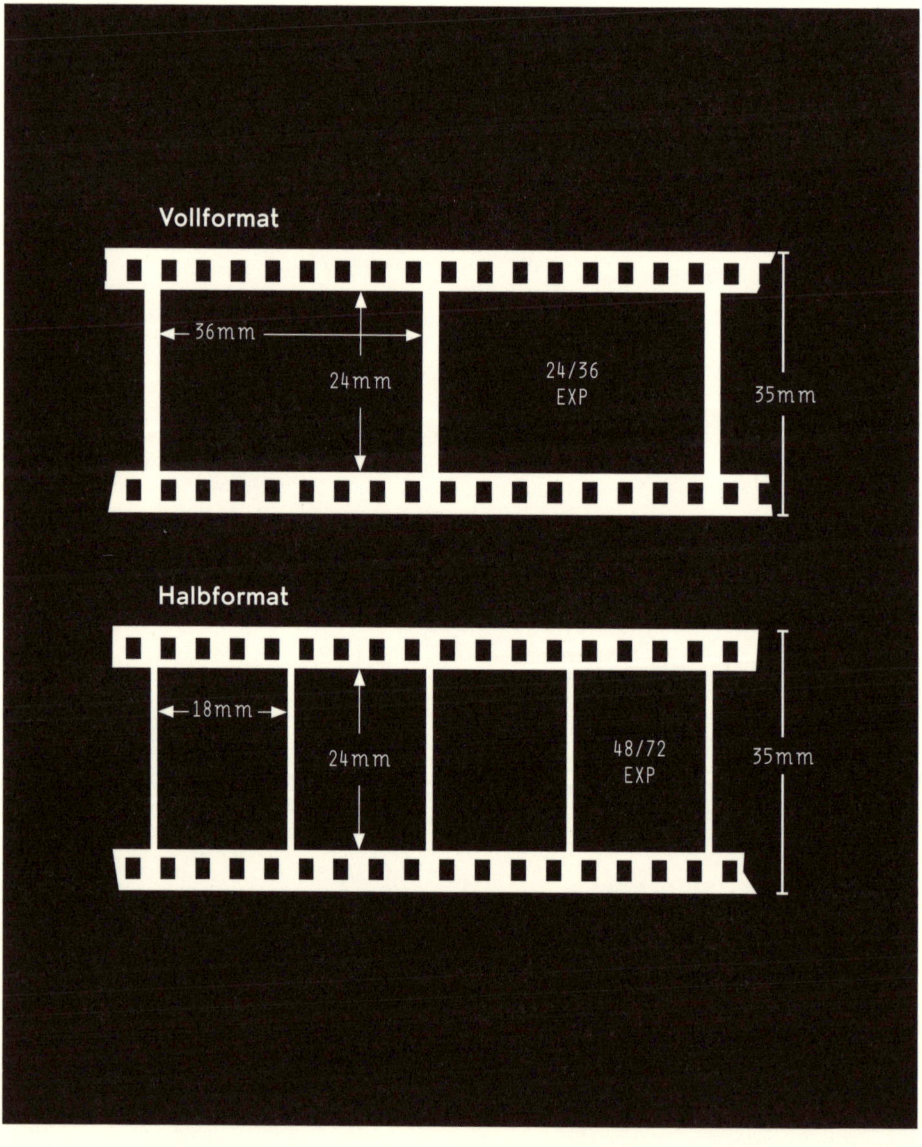
Vollformat
36mm
24mm
24/36
EXP
35mm
Halbformat
18mm
24mm
48/72
EXP
35mm

153 35-mm-Film
132 Sucher: Vollformat
136 Sucher: Halbformat

Vollformat & Halbformat

Die Bezeichnung „35-mm-Film" leitet sich von der physischen Breite des Films ab und hat nichts mit der Größe des auf dem Film aufgezeichneten Bildformats zu tun.

Das Bildformat gängiger Vollformatkameras mit 35-mm-Film ist 36x24 mm, wobei auf einer Filmrolle entweder 36 oder 24 Aufnahmen Platz haben (die Korrespondenz mit den Millimeterwerten des Bildformats ist jedoch rein zufällig).

Eine Halbformatkamera verwendet eine gewöhnliche 135er-Filmpatrone, kann aber zwei Aufnahmen auf der Fläche eines Vollformatbildes aufzeichnen. Halbformatkameras erzeugen Belichtungen im Format 18x24 mm, also zwei Aufnahmen im Portraitformat (Hochformat) pro Vollbild-Landschaftsformat (Querformat). So passen doppelt so viele Bilder auf den Film, nämlich 72 Aufnahmen auf eine 36er-Rolle oder 48 Aufnahmen auf eine 24er-Rolle. Die Sucher sind entsprechend im Hochformat ausgerichtet, im Gegensatz zur Querformatausrichtung einer Vollformatkamera.

Das Halbformat ermöglichte es den Kameraherstellern, kompaktere Apparate zu bauen, und bot den Nutzern eine Alternative zu anderen, weniger verbreiteten Kleinstbildformaten. Die Möglichkeit, zwei Aufnahmen zum Preis von einer zu erhalten, waren eine attraktive und erschwingliche Option, als Farbfilme im direkten Vergleich noch sehr teuer waren.

Halbformatkameras erstellen Aufnahmen im Bildformat 18x24 mm. So passen doppelt so viele Bilder auf eine Filmrolle: zwei Portraitaufnahmen pro Landschaftsformat, oder wie in diesem Fall zwei Landschaftsaufnahmen je Portraitformat.

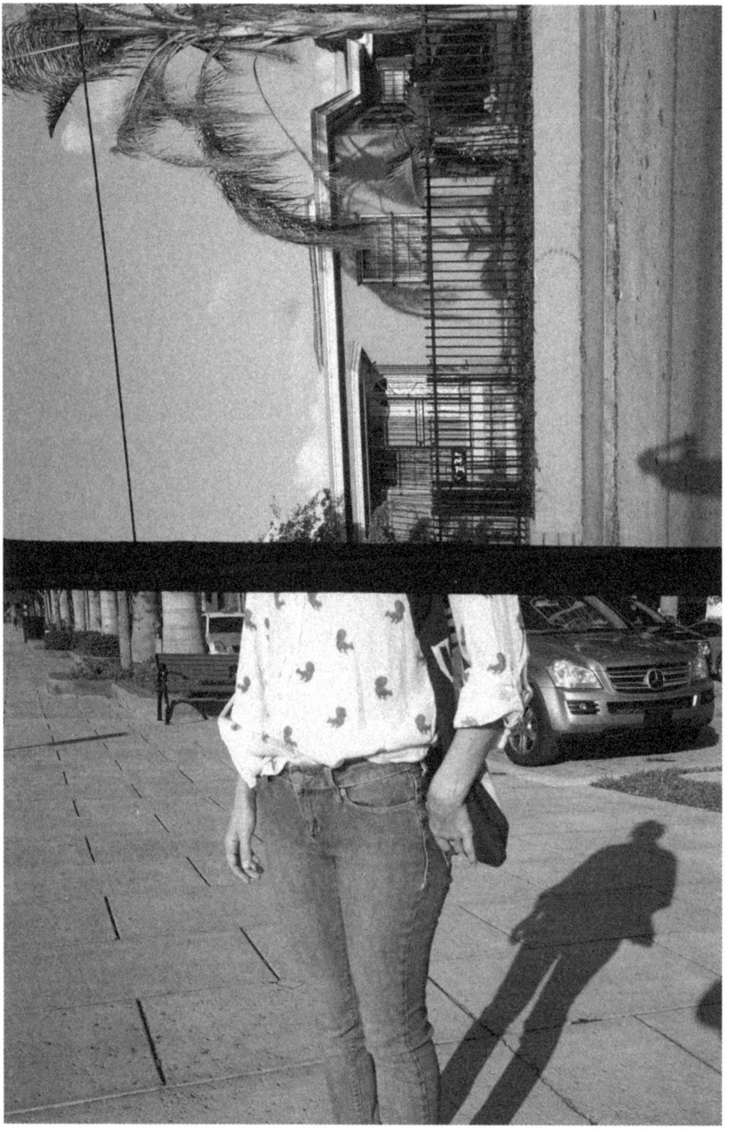

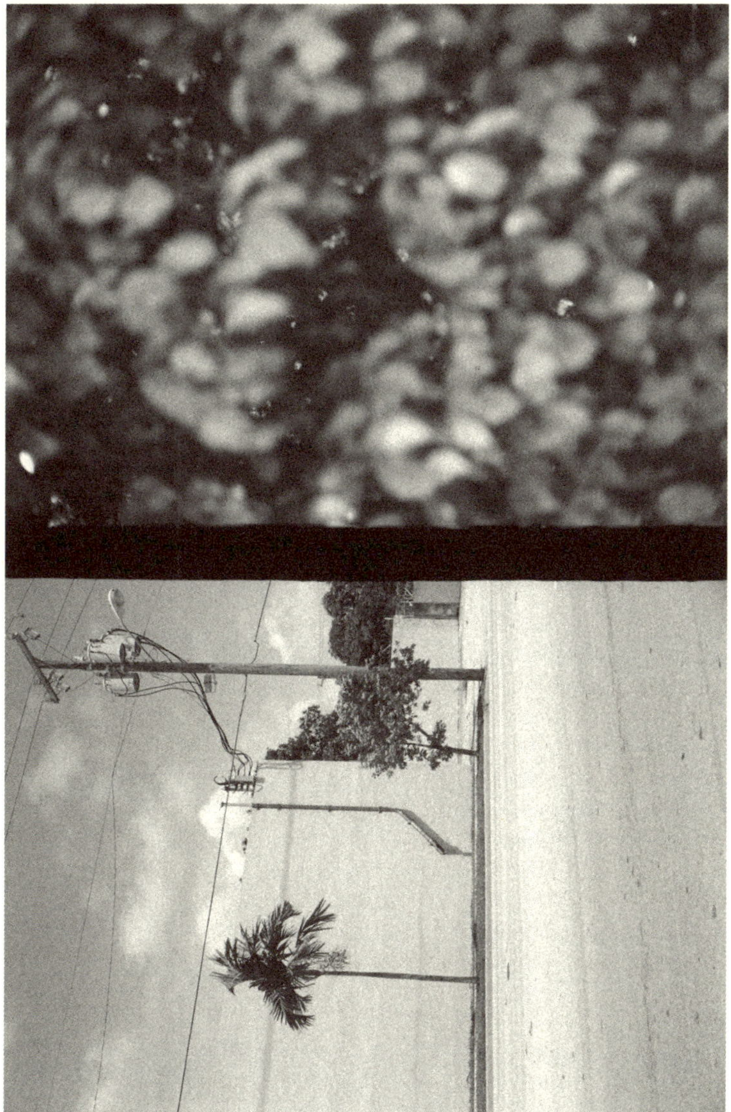

Filter

056 Vergütung
171 Skylightfilter
170 UV-Filter
059 Streulichtblenden
077 Belichtungskorrektur

Filter werden verwendet, um die Bildqualität zu verbessern, indem sie die Eigenschaften des in das Kameraobjektiv einfallenden Lichts verändern. Sie können einzeln oder kombiniert eingesetzt werden, um Kontrast, Schärfe, Details, Reflexionen, Farben, Farbbalance und Lichtstärke zu beeinflussen.

Beschichtungen (Vergütungen) auf Filtern (und Linsen) verbessern die Lichtdurchlässigkeit und reduzieren Reflexionen, die zu unerwünschten Aberrationen im Bild führen können. Im Allgemeinen verbessert sich die Lichtdurchlässigkeit, wenn mehr Vergütungsschichten aufgetragen werden. Ein mehrfach beschichteter Filter ist effektiver als ein einfach beschichteter Filter, der seinerseits bereits deutlich effektiver ist als ein Filter ohne Beschichtung. Die Verwendung von Filtern eignet sich besonders für ältere Kameras mit unbeschichteten Objektiven.

Filter wie Skylightfilter oder Ultraviolett-Filter wurden in erster Linie verwendet, um den Objektivtubus beziehungsweise die Frontlinse samt Beschichtung vor Staub, Kratzern und anderen Schäden zu schützen, die zu kostspieligen Reparaturen führen könnten. Ein Filter ist wesentlich einfacher und günstiger zu ersetzen als ein Frontlinsenelement, und Vintage-Kameras mit Filtern haben in der Regel gut erhaltene Objektive. Ein billiger Filter kann sich jedoch negativ auf die optische Leistung eines fein eingestellten und beschichteten Objektivs auswirken. In diesen Fällen wäre eine passende Streulichtblende die bessere Option, um die Vorderseite des Objektivs vor unbeabsichtigtem Lichteinfall zu schützen.

Filter werden in der Regel an der Vorderseite in den Objektivtubus eingeschraubt und sind in verschiedenen Größen erhältlich, die jeweils auf das Gewinde eines bestimmten Objektivtyps abgestimmt sind. Die Größe wird durch das Symbol ø angezeigt und in Millimetern angegeben.

Belichtungskorrektur
Alle Filter verändern bestimmte Eigenschaften des Lichts, aber manche von ihnen nehmen keinen Einfluss auf die Lichtmenge, die den Film erreicht. Andere reduzieren die Lichtmenge, die den Film belichtet. in diesem Fall müssen Sie eine entsprechende Belichtungkorrektur vornehmen.

Bei Verwendung eines vom Objektiv getrennten Belichtungsmessers oder manueller Berechnung der Messwerte müssen Sie die Belichtung um dieselbe Anzahl von Einstellungsstufen erhöhen, um die der Filter die einfallende Lichtmenge reduziert – indem Sie entweder die Blendenöffnung oder die Belichtungszeit (also Verschlusszeit) erhöhen. Wenn ein Filter die Lichtstärke zum Beispiel um -2 Blendenstufen verringert, sollte die Belichtung um +2 Stufen (auf dem Blendenring oder Verschlusszeitenring) erhöht und auf 0 zurückgesetzt werden. Wenn Sie einen Belichtungsmesser verwenden, der sich hinter dem Filter befindet, ist keine Belichtungskorrektur nötig.

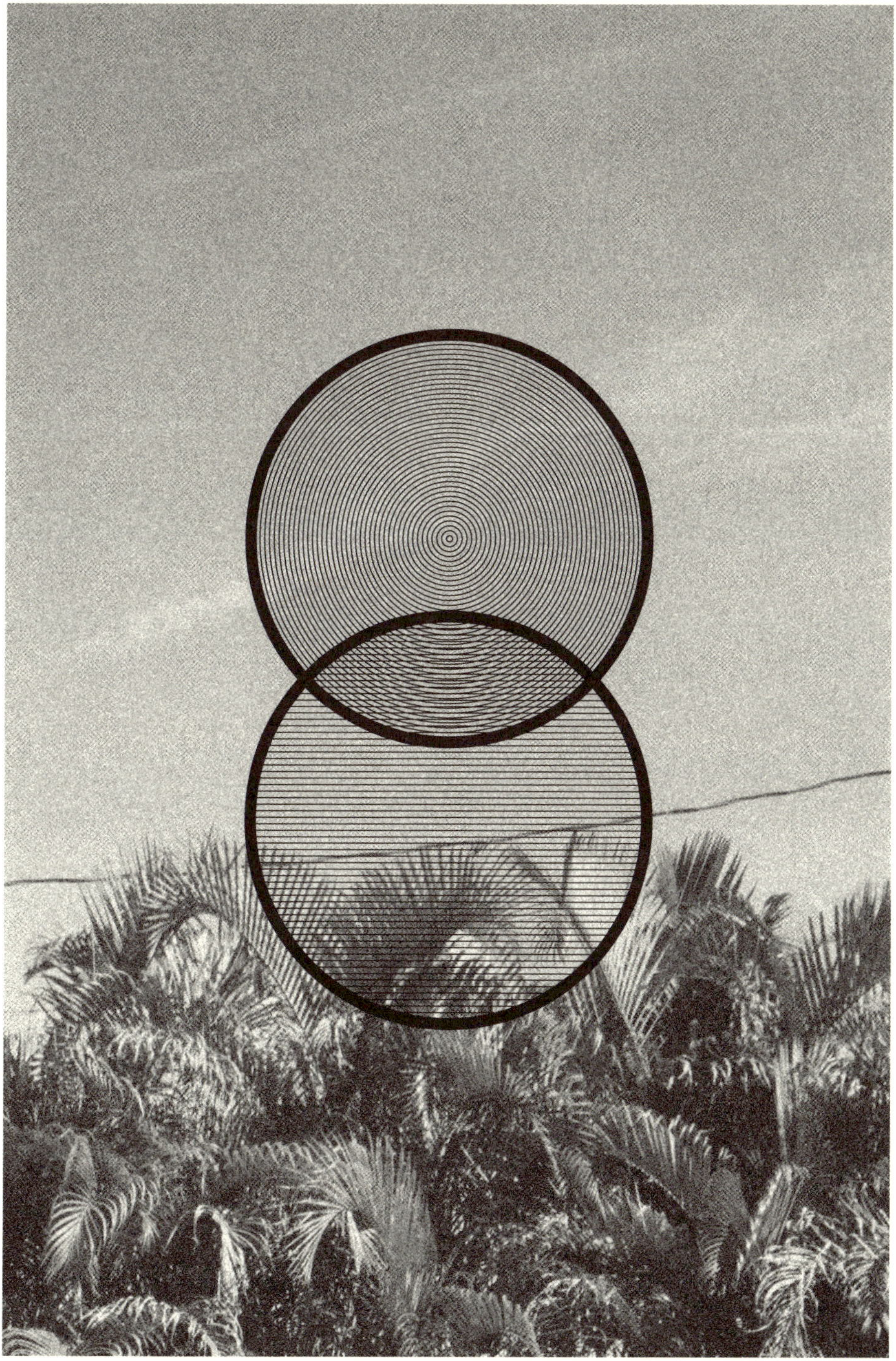

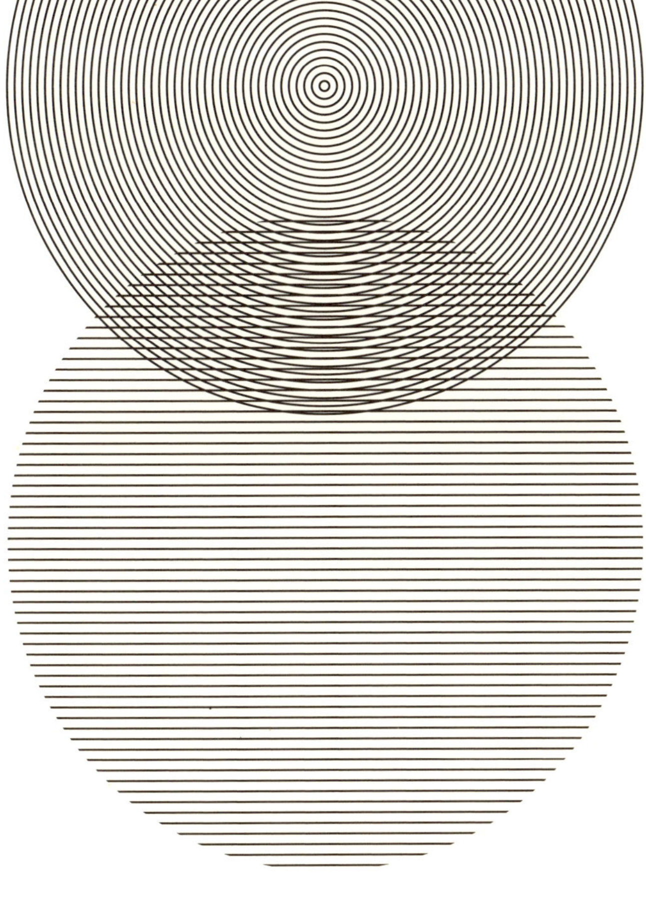

Filteradapter

162 Filter
059 Streulichtblenden

Ein Filteradapter ist ein (glasloser) Metallring, mit dem Sie Filter und Streulichtblenden an einer Kamera anbringen können, die einen anderen Durchmesser haben als ein bestimmtes Objektiv. Filteradapter sind sowohl für die Montage größerer als auch kleinerer Filter erhältlich und besonders nützlich, wenn Sie ein Objektiv mit einem ungewöhnlichen Gewindedurchmesser verwenden.

Wenn Sie mehrere Kameras verwenden, oder eine Wechselobjektivkamera mit verschiedenen Objektiven, ist die Wahrscheinlichkeit hoch, dass die Gewindedurchmesser der Objektive (markiert mit ø und mm) unterschiedlich ausfallen. Anstatt nun den gleichen Filter für jede dieser Gewindegrößen zu kaufen, können Sie in einen hochwertigen Filter für das Objektivgewinde mit dem größten Durchmesser investieren und dazu mehrere (im Vergleich zu den eigentlichen Filtern wesentlich günstigere) Filteradapter kaufen, um den hochwertigen Filter an Objektive mit kleineren Gewindegrößen anzupassen. Wenn Sie beispielsweise drei Objektive mit jeweils unterschiedlichem Gewindedurchmesser (58 mm, 55 mm und 52 mm), könnten Sie einen Filter für das Objektiv mit dem größten Durchmesser (58 mm) kaufen und sich ein zwei Filteradapter (55-58 mm) und (52-58 mm) anschaffen, um den Filter an den kleineren Objektivgewinden zu montieren.

077 Belichtungskorrektur
124 TTL / Through-the-Lens
119 Messsucher- & SR-Kameras

Polarisationsfilter

Polarisationsfilter (auch Polfilter genannt) sind beliebte Filter, die hauptsächlich dazu dienen, unerwünschte Reflexionen an Oberflächen wie Wasser und Glas zu eliminieren. Sie lassen die Bilder außerdem klarer erscheinen und verbessern sowohl den Kontrast und als auch die Farbsättigung, ohne die Farbbalance im Gesamtbild zu beeinflussen. Polarisationsfilter dunkeln auch die Lichtstärke eines blauen Himmels ab und verstärken dabei die Darstellung der Details in den Wolken.

Polfilter sind als lineare und zirkulare Polarisationsfilter erhältlich und erfordern jeweils eine Belichtungskorrektur von etwa 2 Blendenstufen. Linear polarisierende optische Filter können bei TTL-Belichtungsmessern und Autofokussystemen zu Fehler führen. Zirkulare Polarisationsfilter dagegen nicht: Sie wurden eigens für die Verwendung mit Autofokus und TTL-Messung bei Spiegelreflexkameras entwickelt.

Ein Zirkularpolarisator besteht aus zwei gläsernen, direkt hintereinander geschalteten optischen Elementen (einem Linearpolarisator und einer Verzögerungs- oder Wellenplatte), von denen das vordere um insgesamt 360° rotiert werden kann. Die Rotation im oder gegen den Uhrzeigersinn verändert die Polarisation, sodass einige Strahlen hindurchgelassen und andere blockiert werden. Der Effekt eines zirkularen Polarisationsfilter ist im Sucher einer Spiegelreflexkamera sichtbar, nicht aber im Sucher einer Messsucherkamera. Hier sind daher lineare Polarisationsfilter besser geeignet.

Neutraldichtefilter (ND-Filter)

043 Apertur / Blende
068 Verschlusszeit
077 Belichtung
103 Schärfentiefe
107 Bewegungsunschärfe

Ein Neutraldichtefilter (auch ND-Filter oder Neutralfilter, meist Graufilter) reduziert die Intensität des in die Linse einfallenden Lichts und verändert alle seine Wellenlängen im gleichen Maße, sodass die Farbwiedergabe nicht verfälscht wird. So ermöglicht ein ND-Filter die Verwendung größerer Blendenöffnungen und/oder längerer Verschlusszeiten, die andernfalls zu einer Überbelichtung führen würden. Das gibt dem Fotografierenden auch bei hoher Lichtintensität große kreative Kontrolle über die Schärfentiefe und bewusste Aufnahme von Bewegungsunschärfe. Graufilter sind in verschiedenen Stärken erhältlich, die jeweils durch die Nummer nach dem Kürzel ND angegeben werden:

ND 2 (0,3)
reduziert die Lichtmenge um 1 Blendenstufe
ND 4 (0,6)
reduziert die Lichtmenge um 2 Blendenstufen
ND 8 (0,9)
reduziert die Lichtmenge um 3 Blendenstufen
ND 16 (1.2)
reduziert die Lichtmenge um 4 Blendenstufen

Beispiel: Bei Verwendung eines Films mit einer Filmempfindlichkeit von ISO 200 mit einer maximalen Verschlusszeit von 1/500 können Sie bei einer vollständig taghell beleuchteten Szenerie unmöglich einen kleinen Schärfentiefebereich fokussieren. Die größtmögliche Blendenstufe wäre f/11 bei einer Verschlusszeit von 1/500. Wenn Sie einen ND-Filter der Stärke ND 2 verwenden, können Sie mit einer Blendenstufe von f/8, bei der Stärke ND 4 mit f/5.6 und bei einem ND-Filter der Stärke ND 8 mit einer Blendenstufe von f/4 fotografieren. Ein Graufilter der Stärke ND 8 ermöglicht also eine um 3 Blendenstufen größere Blendenöffnung (im Vergleich zu f/11). Anstatt die Blendenöffnung zu erhöhen, können Sie auch die Verschlusszeit verlängern, um Bewegungsunschärfe bewusst abzubilden.

168 Neutraldichtefilter
113 Vignettierung
077 Belichtung

Grauverlauffilter (GND-Filter)

Grauverlauffilter (auch GND-Filter für Englisch „graduated neutral density filter) sind ND-Filter, bei denen die Lichtdurchlässigkeit über die Gesamtfläche des Filters hinweg variiert (verläuft), weil ein bestimmter Bereich des Filters transparent bleibt. Bei **geteilten GND-Filtern** bleibt die untere Hälfte des Filters transparent, damit die obere graue Hälfte beispielsweise bei einer Landschaftsaufnahme den hellen Himmel abdunkeln kann, der durch den großen Kontrastumfang sonst strukturlos (ausgewaschen) dargestellt würde. Wo genau im Bild sich der graue, abgedunkelte Bereich des Filters befindet, finden Sie einfach heraus, indem Sie den Filter vor der Frontlinse drehen.

Mittelfleckfilter sind in der Mitte grau und an den Rändern transparent, und können zum Ausgleich von Vignettierungen verwendet werden, weil sie die Bildmitte abdunkeln, um den Lichtabfall zu den Ecken hin zu kompensieren und so die Belichtung zu nivellieren. Vignettierungseffekte treten besonders häufig bei großen Blendenöffnungen auf. Wenn Sie eine Vignettierung bewusst erzeugen oder übertreiben möchten, können Sie Mittelfleckfilter verwenden, die an den Rändern abgedunkelt und in der Mitte transparent sind.

Wie Graufilter (ND-Filter) sind auch Grauverlauffilter (GND-Filter) in verschiedenen Stärken erhältlich. GND-Filter können mit einem weichen Verlauf für einen weichen farblichen Übergang der Motivbereiche sorgen, und mit einem harten Verlauf entsprechend harten und abrupten Übergang.

UV-Filter

077 Belichtung
172 Farbbalance
077 Belichtungskorrektur

Fotografischer Film ist auch für den ultravioletten Anteil des Tageslichts empfindlich, der nicht für das Auge sichtbar ist. UV-Filter (eigentlich UV-Sperrfilter) blockieren diese ultravioletten Strahlen, die bei Außenaufnahmen einen blauen Farbstich und kontrastarmen, nebeligen Schleier verursachen können, der Bilddetails reduziert.

UV-Filter blockieren also den ultravioletten Anteil des Lichtspektrums, ohne die Belichtung zu verfälschen oder das für den Menschen sichtbare Licht zu beeinflussen. Sie verursachen wenig bis gar keine Veränderung der Farbbalance, sodass keine Belichtungskorrektur erforderlich ist.

170 UV-Filter
077 Belichtungskorrektur
154 Negativ- und Diafilm

Skylightfilter & UV-Haze-Filter

Ein Skylightfilter bietet den gleichen Schutz vor UV-Strahlen wie ein UV-Filter, gleicht durch seine leicht rötliche Farbe aber zusätzlich stärkere Blautöne aus und erzeugt eine generell wärmere Farbwiedergabe. Skylightfilter sind in den Typen 1(A) und 1(B) erhältlich, wobei (B) einen geringfügig größeren Teil des blauen und violetten Spektrums absorbiert. Beide Typen haben keinen Einfluss auf die Belichtung, sodass keine Kompensation erforderlich ist.

Auch **UV-Haze-Filter** absorbieren UV-Licht, sind aber zusätzlich leicht gelblich eingefärbt, um bläuliches Tageslicht wärmer wiederzugeben. Haze-Filter helfen auch, die für weite Landschaften typischen Nebeleffekte zu reduzieren. Dieser Nebel oder Dunst kann Bilder blässlich und strukturlos erscheinen lassen, insbesondere Gegenstände im fernen Bildhintergrund. Eine Belichtungskorrektur ist bei Verwendung des Filters nicht erforderlich.

Sowohl Skylightfilter als auch UV-Haze-Filter sind besonders nützlich bei Aufnahmen mit Diafilmen, die in der Regel Bilder mit leichtem Blaustich aufnehmen, insbesondere bei Aufnahmen im offenen Schlagschatten.

Farbbalance

Tageslicht, weißglühendes Licht (bei Glühbirnen), fluoreszierendes Licht (bei Leuchtstoffröhren) und andere Lichtquellen haben jeweils sehr unterschiedliche Farbeigenschaften. Die Wiedergabe der Farbe (die Farbtemperatur) eines Objekts wird daher von den Lichtverhältnissen beeinflusst, unter denen es betrachtet wird. Das menschliche Auge und das menschliche Gehirn kompensieren verschiedene Arten von Licht (chromatische Adaption), sodass zum Beispiel ein weißes Objekt immer weiß erscheint, egal ob es unter den Strahlen der Sonne oder dem Lichtschein einer Glühbirne betrachtet wird. Farbfilme müssen jedoch so ausgewogen sein, dass sie verschiedene Beleuchtungsarten ausgleichen können und nicht nur Weiß als Weiß (Weißabgleich) wiedergeben, sondern auch den Farben im Bild das gleiche Aussehen wie in der wirklichen Ansicht einer Szenerie verleihen.

Farbfilme werden optimiert, um bestimmte Farbstiche in Bildern zu eliminieren, indem sie die jeweilige Farbtemperatur einer Lichtquelle neutralisieren. Die Farbtemperatur des Lichts wird in Grad Kelvin (K) definiert. Über diesen Standard können die unterschiedlichen Farbtöne der Lichtquellen verglichen werden. Die zwei meistverwendeten, farbbalancierten Filmtypen sind 5500K Daylight (D) für den Einsatz im Freien oder mit elektronischem Blitz und 3200K Tungsten (T) für die übliche Beleuchtung in geschlossenen Räumen.

172 Farbbalance
077 Belichtungskorrektur

Konversionsfilter 80 & 85

Wenn die spezifische Farbwiedergabe eines Farbfilms nicht korrekt auf eine bestimmte Art von Lichtquelle abgestimmt ist, werden die Farben im aufgenommenen Bild anders (verfälscht) dargestellt als in der Originalansicht der Szenerie. In diesem Fall können Farbfilter oder Konversionsfilter verwendet werden (die in verschiedenen Farbtönen A, B und C erhältlich sind), um die Unterschiede in der Farbtemperatur zwischen Film und Lichtquelle zu korrigieren.

Bei Verwendung eines an Tageslicht angepassten Farbfilms in künstlichem Licht haben die Farben im aufgenommenen Bild einen gelblichen Stich. Dieser Effekt kann mit einem blauen 80A-Filter korrigiert werden, der das Gelb neutralisiert, um eine ausgewogene Farbwiedergabe zu erzeugen. Bei Verwendung dieser Filter sollte die Belichtung (Blendenöffnung oder Verschlusszeit) um zwei Stufen erhöht werden.

Umgekehrt erzeugt ein an Kunstlicht angepasster Farbfilm bei Verwendung im Tageslicht blaustichige Bilder. In diesem Szenario neutralisiert ein gelb-/orangefarbener 85B-Filter das Blau, um ein Foto mit echten, natürlichen Farben zu erhalten. Bei Verwendung dieser Filter sollte die Belichtung um eine Stufe erhöht werden.

An Tageslicht angepasste Filme können sowohl unter Neonlicht als auch mit elektronischem Blitz verwendet werden, da beide einen von Hause aus ähnlichen Farbstich (eine ähnliche Farbtemperatur) haben.

Filter für Schwarzweißfilme

Obwohl wir Farben wie Rot und Grün mit bloßem Auge deutlich unterscheiden, erscheinen sie in einem Schwarzweißbild oft sehr ähnlich. Das kann zu einem flachen, kontrastarmen Foto führen, bei dem markante Helligkeits- und Farbunterschiede in der Grautonumsetzung verloren gehen.

Dieses Problem lässt sich durch den Einsatz von Farbfiltern beheben, die analoge (gleiche) Lichtfarben bis zum Film hindurchlassen, aber komplementäre (gegensätzliche) Farben blockieren. Anders formuliert: Die Filter hellen ähnliche Farben auf und verdunkeln entgegengesetzte Farben, sodass der Fotograf eine gewisse selektive Kontrolle über die Farbtonwerte ausüben kann.

In einem Farbfoto hat eine rote Blume vor einem Hintergrund aus grünem Laub einen starken Farbkontrast, aber bei der Grautonumsetzung für die Schwarzweißfotografie erhalten Blume und Laub ähnliche Grautöne, sodass die Blume deutlich weniger stark definiert erscheint und mit dem Hintergrund verschwimmt. Ein Rotfilter würde das rote Licht durch die Linse lassen, aber das Grün blockieren, was zur Wiedergabe einer hellen Blüte vor dunklem Laub führt. Ein Grünfilter würde das Gegenteil erzeugen und das Grün passieren lassen und das rote Licht blockieren, sodass das Laub ein helles Grau und die Blüte ein dunkles Grau erhält. Beide Filter erzeugen Tonwertunterschiede, die den Kontrast zwischen Motiv und Hintergrund wiederherstellen. Gelbfilter sind die klassische Wahl für Schwarzweißfilme. Sie hellen warme Farben auf, dunkeln kalte und blaue Farben ab und lassen alles, insbesondere Hauttöne, natürlicher erscheinen.

Es gibt eine große Anzahl von Farbfiltern, deren Wirkung jeweils von ihrer relativen Position im Farbspektrum abgeleitet werden kann. Orange zum Beispiel befindet sich im Farbspektrum zwischen Gelb und Rot, und Orangefilter erzeugen einen Effekt, der zwischen Gelb- und Rotfiltern liegt: Ein Orangefilter hat einen stärkeren Effekt als ein Gelbfilter, wirkt sich aber weniger stark auf die Aufnahme aus wie ein Rotfilter. Rotfilter haben eine vergleichsweise extreme Wirkung und geben zum Beispiel einen blauen Himmel beinahe in schwarzen Farbtönen wieder.

Nebenstehend finden Sie Angaben zur erforderlichen Belichtungskorrektur und zu den Effekten der wichtigsten Farbfilter für Schwarzweißfilme.

dezenter Effekt, hellt warme Farben auf, verdunkelt Blautöne und verhindert das Ausblassen von hellem Weiß

hellt Grüntöne auf und verdunkelt Blau- und Rottöne

hellt Rottöne auf und verdunkelt Blau- und Grüntöne zu sehr dunklen Grautönen

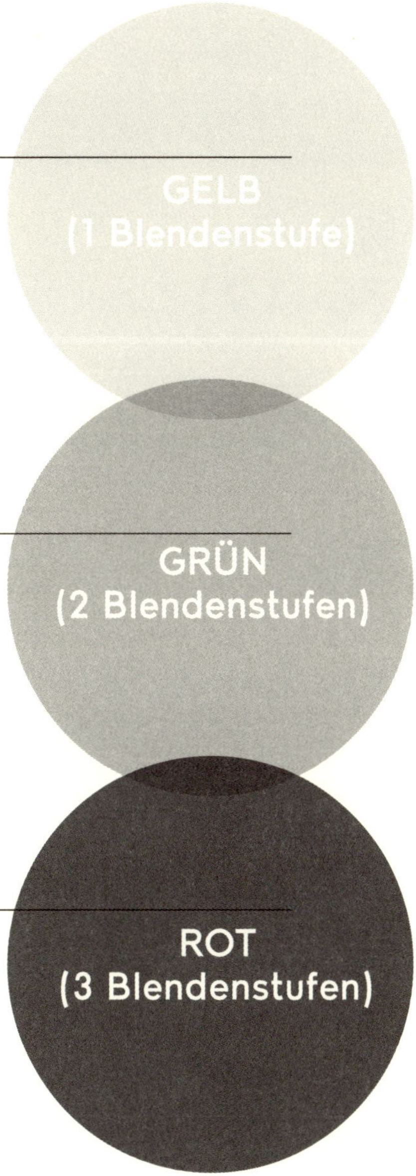

176–191

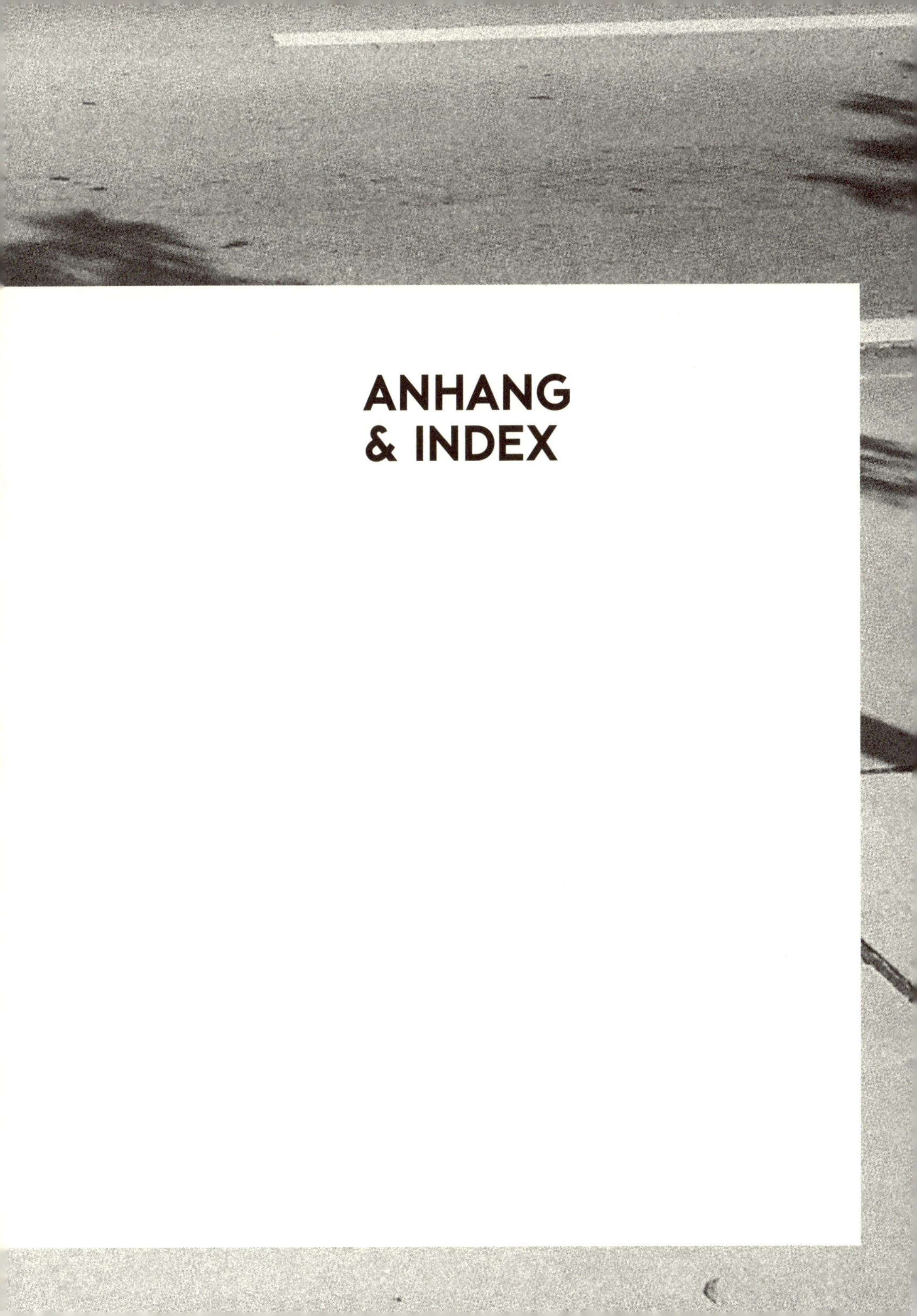

ANHANG & INDEX

Kamerapflege & Aufbewahrung

Pflege
Halten Sie Okular und Objektiv der Kamera zu jeder Zeit so sauber wie möglich und versuchen Sie, die Glasflächen nicht zu berühren. Versuchen Sie niemals, Schmutz von der Linse zu wischen, da so leicht Kratzer entstehen. Verwenden Sie zur Entfernung von losem Staub oder Schmutz immer ein Gebläse und eine feine, weiche Haarbürste. Säubern Sie die Linse nach dem Entfernen von losem Staub und Schmutz mit einem Linsentuch oder einem sauberen, weichen Tuch, indem sie sanft von der Mitte nach außen über die Oberfläche wischen. Bei besonders hartnäckigen Flecken kann es helfen, die Linse vor dem Abwischen anzuhauchen, aber stellen Sie sicher, dass nach der Reinigung keine Feuchtigkeit zurückbleibt.

Äußere Kameraoberflächen können Sie mit einem weichen Leinen- oder Silikontuch reinigen. Wenn die Kamera einen Spiegel oder Verschlussvorhänge hat, berühren Sie diese nach Möglichkeit nicht. Besonders bei Kameras mit Verschlussvorhängen aus Stoff sollte das Objektiv, außer natürlich bei der Aufnahme selbst, immer mit einem Objektivdeckel verschlossen werden. Eine längere direkte Sonneneinstrahlung kann ein Loch in den Verschlussvorhang brennen.

Aufbewahrung
Wenn Sie Ihre Kamera längere Zeit nicht verwenden, bewahren Sie sie an einem kühlen, trockenen und gut gelüfteten Ort ohne direkte Sonneneinstrahlung oder Feuchtigkeit auf. Stellen Sie die Entfernungsskala des Objektivs auf unendlich und lösen Sie den Verschluss aus. Verschluss und Selbstauslöser sollten nicht über einen längeren Zeitraum hinweg aufgezogen bleiben, da das den Verschleiß der Mechanismen beschleunigt. Wenn Ihre Kamera eine Batterie verwendet, entfernen Sie die diese, um einen Energieverlust oder gar eine Leckage bei Nichtgebrauch zu vermeiden. Lagern Sie die Kamera in einer Tasche und möglichst in Originalverpackung oder einem luftdichten Behälter mit einem kleinen Beutel Kieselgel (Trockenmittel), um Schäden durch Feuchtigkeit und Nässe zu vermeiden.

Auch Objektive, die nicht an der Kamera montiert sind, sollten während längeren Nichtgebrauchs vorne und hinten mit einer Kappe versehen und wie zuvor beschrieben aufbewahrt werden.

Berechnung der Fläche der Blendenöffnung

043 Apertur / Blende
090 Verdopplung & Halbierung
182 Halbierung der Belichtung ½
184 Verdopplung der Belichtung x2

wenn F/ZAHL=
BRENNWEITE÷DURCHMESSER

dann DURCHMESSER=
BRENNWEITE÷F/ZAHL

RADIUS=
DURCHMESSER÷2

π=
3.142

KREISFLÄCHE=
$\pi\times RADIUS^2$

BEISPIEL:
FLÄCHE DER BLENDENÖFFNUNG EINES 45-mm-OBJEKTIVS
–
45 mm f/2.8
DURCHMESSER=45÷2.8=16
RADIUS=16÷2=8
FLÄCHE=$\pi\times8^2=200$
–
45 mm f/4
DURCHMESSER=45÷4=11.2
RADIUS=11.25÷2=5.6
FLÄCHE=$\pi\times5.625^2=100$
–
45 mm f/5.6
DURCHMESSER=45÷5.6=8
RADIUS=8÷2=4
FLÄCHE=$\pi\times4^2=50$
–
45 mm f/8
DURCHMESSER=45÷8=5.6
RADIUS=5.6÷2=2.8
FLÄCHE=$\pi\times2.8^2=25$
–
et cetera

Jede Verkleinerung der Fläche der Blendenöffnung um eine Stufe führt genau zur Halbierung der Fläche. Jede Vergrößerung der Fläche der Blendenöffnung um eine Stufe führt genau zu einer Verdopplung der Fläche.

053 Bildwinkel
159 Vollformat & Halbformat

Berechnung des Bildwinkels

BRENNWEITE

$$\text{Bildwinkel} = 2\text{x}\text{Arctan}((d/2)/f)$$

DIAGONAL-FORMAT

BEISPIEL 1:
BILDINKEL EINES
45-mm-Objektivs & 35-mm-Vollformat

35-mm-Vollformat FORMAT = 36x24 mm
DIAGONALES FORMAT = d
$d = \sqrt{w^2+l^2}$
$d = \sqrt{36^2+24^2}$
d = 43,3 mm

BRENNWEITE = f
f = 45mm

BILDWINKEL = 2×Arctan((43.3/2)/45) = <u>51.4°</u>

BEISPIEL 2:
BILDWINKEL EINES
45-mm-Objektivs & 35-mm-Halbformat
35-mm-Halbformat FORMAT = 18x24 mm
DIAGONALES FORMAT = d
$d = \sqrt{w^2+l^2}$
$d = \sqrt{18^2+24^2}$
d = 30 mm

BRENNWEITE = f
f = 45 mm

BILDWINKEL = 2×Arctan((30/2)/45) = <u>37°</u>

Halbierung der Belichtung ½

Es gibt drei Parameter, die die Belichtung des Films beeinflussen: Blendenöffnung, Verschlusszeit und Filmempfindlichkeit. Jede Verringerung eines dieser Werte um eine einzelne Einstellungsstufe führt zur Halbierung der Belichtung.

½ VON STUFE ZU STUFE		½		½		½		½		½		½	
BLENDENÖFFNUNG	2	•	2.8	•	4	•	5.6	•	8	•	11	•	16
STUFEN		•		•		•		•		•		•	
ANZAHL STUFEN		1		2		3		4		5		6	
½ HOCH ANZAHL STUFEN		$1/2$		$1/2^2$		$1/2^3$		$1/2^4$		$1/2^5$		$1/2^6$	
BRUCHTEIL GESAMT		1/2		1/4		1/8		1/16		1/32		1/64	

½ VON STUFE ZU STUFE		½		½		½		½		½		½	
VERSCHLUSSZEIT	8	•	15	•	30	•	60	•	125	•	250	•	500
STUFEN		•		•		•		•		•		•	
ANZAHL STUFEN		1		2		3		4		5		6	
½ HOCH ANZAHL STUFEN		$1/2$		$1/2^2$		$1/2^3$		$1/2^4$		$1/2^5$		$1/2^6$	
BRUCHTEIL GESAMT		1/2		1/4		1/8		1/16		1/32		1/64	

½ VON STUFE ZU STUFE		½		½		½		½		½		½	
FILMEMPFINDLICHKEIT	1600	•	800	•	400	•	200	•	100	•	50	•	25
STUFEN		•		•		•		•		•		•	
ANZAHL STUFEN		1		2		3		4		5		6	
½ HOCH ANZAHL STUFEN		$1/2$		$1/2^2$		$1/2^3$		$1/2^4$		$1/2^5$		$1/2^6$	
BRUCHTEIL GESAMT		1/2		1/4		1/8		1/16		1/32		1/64	

Die Halbierung der Belichtung von einer Einstellungsstufe zur nächsten ist einfach zu berechnen. Die Fortsetzung dieser Rechenübung wird aber umständlicher, wenn Sie die Belichtung um mehrere Stufen verändern.

Es ist daher vergleichsweise einfacher, die Anzahl der Stufen zwischen zwei Einstellungen zu zählen und die Summe als Potenz von 1/2 zu verwenden. Zum Beispiel: Bei einer Veränderung um 4 Stufen ist 1/2 hoch 4 = 1/16. Eine Verringerung um 4 Stufen bedeutet 1/16 der Lichtmenge im Vergleich zur ursprünglichen Einstellung.

Diese Gleichung bedeutet für die folgenden Beispiele: f/16 ergibt 1/16 der Blendenöffnung bei f/4; 250 ergibt 1/32 der Verschlusszeit bei 8; ISO 100 ist 1/8 so empfindlich wie ISO 800.

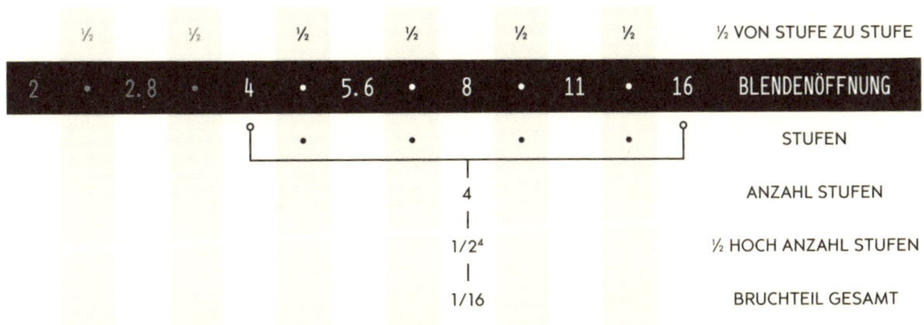

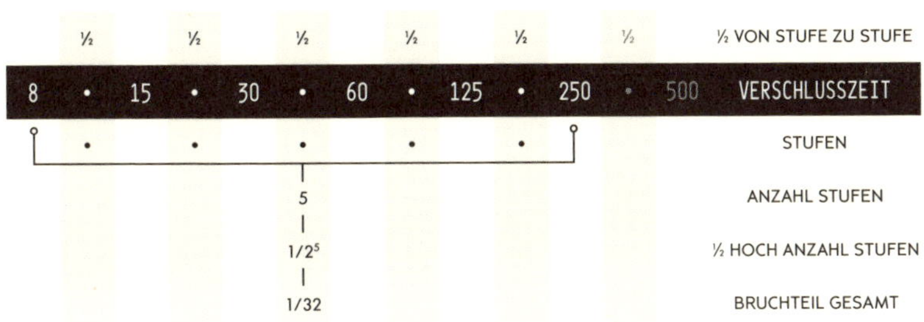

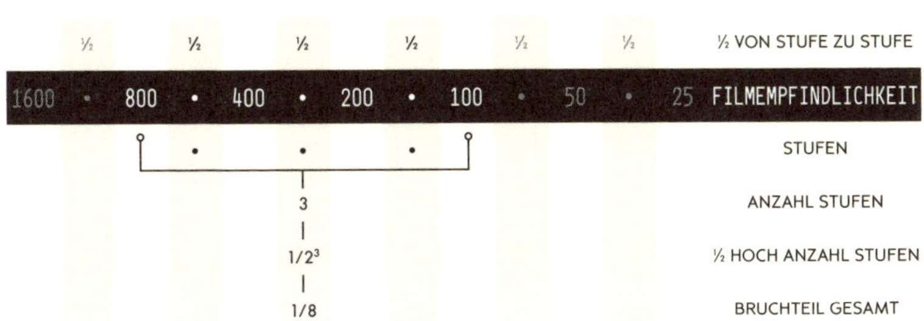

Verdopplung der Belichtung ×2

Jede Erhöhung eines dieser Werte um eine einzelne Einstellungsstufe führt zur Verdopplung der Belichtung.

x2 VON STUFE ZU STUFE		×2		×2		×2		×2		×2		×2	
BLENDENÖFFNUNG	16	•	11	•	8	•	5.6	•	4	•	2.8	•	2
STUFEN		•		•		•		•		•		•	
ANZAHL STUFEN		1		2		3		4		5		6	
FAKTOR 2 HOCH ANZAHL STUFEN		2		2^2		2^3		2^4		2^5		2^6	
MULTIPLIKATION GESAMT		×2		×4		×8		×16		×32		×64	

x2 VON STUFE ZU STUFE		×2		×2		×2		×2		×2		×2	
VERSCHLUSSZEIT	500	•	250	•	125	•	60	•	30	•	15	•	8
STUFEN		•		•		•		•		•		•	
ANZAHL STUFEN		1		2		3		4		5		6	
FAKTOR 2 HOCH ANZAHL STUFEN		2		2^2		2^3		2^4		2^5		2^6	
MULTIPLIKATION GESAMT		×2		×4		×8		×16		×32		×64	

x2 VON STUFE ZU STUFE		×2		×2		×2		×2		×2		×2	
FILMEMPFINDLICHKEIT	25	•	50	•	100	•	200	•	400	•	800	•	1600
STUFEN		•		•		•		•		•		•	
ANZAHL STUFEN		1		2		3		4		5		6	
FAKTOR 2 HOCH ANZAHL STUFEN		2		2^2		2^3		2^4		2^5		2^6	
MULTIPLIKATION GESAMT		×2		×4		×8		×16		×32		×64	

Die Verdopplung der Belichtung von einer Einstellungsstufe zur nächsten ist einfach zu berechnen. Die Fortsetzung dieser Rechenübung wird aber umständlicher, wenn Sie die Belichtung um mehrere Stufen verändern.

Es ist daher vergleichsweise einfacher, die Anzahl der Stufen zwischen zwei Einstellungen zu zählen und die Summe als Potenz von 2 zu verwenden. Zum Beispiel: Bei einer Veränderung um 5 Stufen ist 2 hoch 5 = 32. Eine Erhöhung um 5 Stufen bedeutet das 32-fache der Lichtmenge im Vergleich zur ursprünglichen Einstellung.

Diese Gleichung bedeutet für die folgenden Beispiele: f/2 ergibt die 64-fache Blendenöffnung von f/16; 15 ergibt die 8-fache Verschlusszeit von 125; ISO 1600 ist 32 mal so empfindlich wie ISO 50

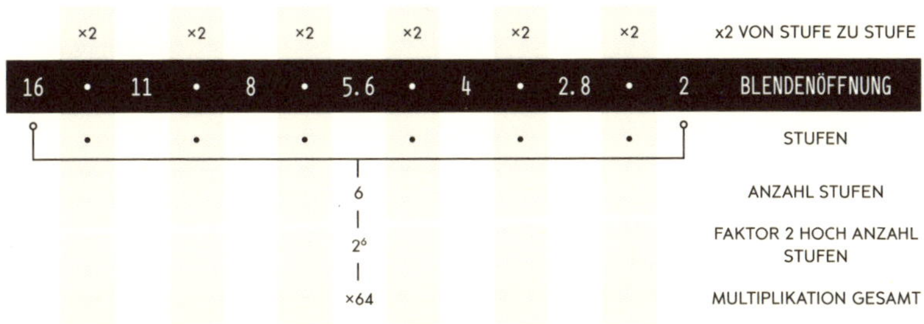

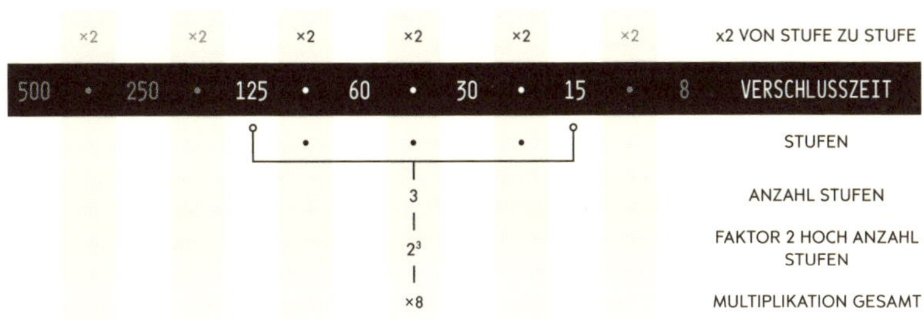

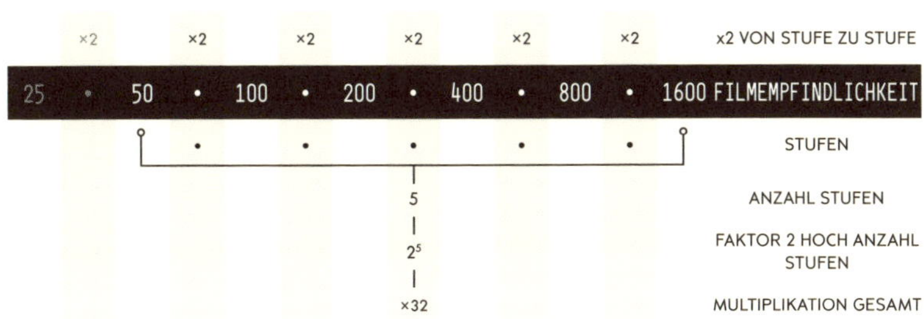

INDEX